가난과 기쁨: 프란치스칸 전통
Poverty and Joy: The Franciscan Tradition

윌리엄 쇼트(William J. Short) / 작은형제회(프란치스코회) 지음
김일득 모세 / 작은형제회(프란치스코회) 옮김

First Published in 1999 by
Darton Longman and Todd Ltd.

Copyright ⓒ1999 by William J. Short
Orbis ISBN 1-57075-295-8

가난과 기쁨: 프란치스칸 전통

교회 인가 | 2017년 8월 14일
1판 3쇄 | 2020년 3월 25일

지은이 | 윌리엄 쇼트(William J. Short)
옮긴이 | 김일득
펴낸이 | 호명환
만든이 | 조수만
만든곳 | 프란치스코 출판사(제2-4072호)
주소 | 서울 중구 정동길 9
전화 | (02) 6325-5600
팩스 | (02) 6325-5100
이메일 | franciscanpress@hanmail.net

ISBN 978-89-91809-62-8 93230
값 12,000원

이 도서의 국립중앙도서관 출판사도서목록(CIP)은
서지정보유통지원시스템 홈페이지(http://seoji.nl.go.kr)와 국가자료공동목록시스템
(http://www.nl.go.kr/kolisnet)에서 이용하실 수 있습니다.
CIP제어번호 | CIP 2018001514

가난과 기쁨: 프란치스칸 전통
Poverty and Joy: The Franciscan Tradition

윌리엄 쇼트(William J. Short) / 작은형제회(프란치스코회) 지음

김일득 모세 / 작은형제회(프란치스코회) 옮김

| 차례 |

한국어판에 붙여　7

옮긴이의 말　10

감사의 말씀　13

약어표　15

서론　19

제1장　우리 주 예수 그리스도의 발자취를 따름　27

제2장　육화의 겸손　55

제3장　우리 주 예수 그리스도의 가난과 겸손　91

제4장　주님께서 나를 그들 가운데로 이끄셨습니다　115

제5장　기도와 헌신의 영　131

제6장　당신의 거룩한 십자가로 세상을 구속하셨기에　165

제7장　내 주님, 당신의 모든 피조물과 더불어 찬미 받으시옵고　183

제8장　오늘날의 프란치스칸 전통　213

참고 문헌　219

| 한국어판에 붙여 |

오늘날 우리가 살아가는 세상은 거의 동시적으로 연결되어 있고, 정보 또한 빛의 속도로 이 나라에서 저 나라로 이동합니다. 그러나 아직은 현대 기술로도 숙련된 번역가의 작업을 대치할 수 없습니다. 그리스도인들은 초기부터 성경과 교부들의 말씀을 한 문화에서 다른 문화로 전달하는 방편인 이 끈기 있고 어려운 번역 작업에 경의를 보내왔습니다. 복음의 메시지는 이스라엘에서 그리스, 로마, 이집트, 갈리아 지방 등지로 전파될 때마다 새로운 언어 안에서 새로운 얼굴로 나타났습니다. 이는 특히 중국에서 한국으로 전달된 한국 교회 초기의 그리스도교 서적들, 즉 18세기에 시작된 오랜 번역 작업과 관련해서도 분명히 드러났다고 생각합니다.

저 역시 오랜 기간 다른 저자들의 역자(譯者)로서 일해 왔습니다. 때로는 그러한 번역 작업이 기쁨으로 다가왔는데, 특히 저자가 제게 개인적으로 중요한 주제에 관해서 집필한 경우에 그러했습니다. 반대로 저자의 주제가 제 관심사와 거리가 먼 경우에는 때로 행간에 숨은 사상을 이해하는 것이 대단히 어렵기도 하였습니다.

그러므로 제 작업 중 하나가 한국어로 번역된다는 것은 저에게 대단한 영광이자 특권이라 하겠습니다. 이는 또한 아씨시 성 프란치스코 안에서 형제애 나눔의 징표입니다. 왜냐하면, 이 책의 역자가 동료 프란치스칸 형제인 작은형제회(프란치스코회)의 김일득 모세 형제이기 때문입니다. 저와 모세 형제는 지난 몇 년간 프란치스칸 역사와 신학 분야의 작업을 함께 하였습니다. 따라서 우리는 각자의 사고방식과 자신을 표현하는 방식을 이해할 수 있었습니다. 모세 형제와 제가 공유한 체험이 제 언어를 번역하는 이 어려운 작업을 조금이나마 쉽게 만들었기를 바랍니다. 또한, 그 번역 작업이 때로는 유쾌한 경험이었기를 희망합니다.

이 책에 담긴 글은 성 프란치스코와 성 클라라의 글부터 성 보나벤투라와 복자 요한 둔스 스코투스의 신학에 이르기까지 다른 많은 프란치스칸 원천에 의존합니다. 또한, 스페인 신비주의 작가들과 이탈리아 신비가들의 인용구도 담겨있습니다. 이 모두가 역자에게 큰 도전이었을 것입니다. 저의 초기 전공 분야는 영문학이었기에, 본문에 이따금 영시英詩도 인용하였습니다. 어떤 언어이든 역자에게 가장 어려운 작업이 시문詩文의 번역이라는 점도 잘 알고 있습니다. 그러나 그 어려움마저도 이어지는 지면에서 훌륭하게 다루어졌다고 생각합니다.

모든 번역은 원저에 새로운 생명을 불어넣습니다. 왜냐하면, 번역은 새로운 문화 안에서, 의미의 새로운 색조와 이해의 새로운 방식이라는 새로운 언어의 형태 안에서 움트기 때문입니다. 아씨시의 프란치스코와 클라라라는 그리스도의 열심한 추종자들에 관한 이 작은 책이 한국 독자들 안에서 새롭고 따뜻한 고향을 발견하기를 진심으로 기도합니다.

주님께서 한국의 독자 여러분 모두에게 평화를 주시기를!

2017년 4월 15일(복음 사가 성 마르코 축일)
캘리포니아의 미션 산 루이스 레이(Mission San Luís Rey, California)에서
작은 형제 윌리엄 쇼트(William J. Short OFM)

| 옮긴이의 말 |

　　　　　　　　　이 책을 번역한 2017년은 작은형제회가 한국 땅에 진출한 지 80년이 되는 해입니다. 80년이라는 짧지 않은 시간 동안 이 땅의 작은 형제들은 예수 그리스도와 성 프란치스코의 발자취를 따라 여러 다양한 자리에서 노력을 다해 왔고, 선배 형제들의 "가난"과 "작음", "기쁨"의 삶은 지금 이 순간을 살아가는 수많은 프란치스칸에게도 큰 버팀목이 되고 있습니다. 작은형제회 한국 진출 80년이라는 이 중요한 시기에 작은형제회(프란치스코회) 미국 산타 발바라Santa Barbara 관구 소속 윌리엄 쇼트(William J. Short) 교수의 저서, 『가난과 기쁨: 프란치스칸 전통(Poverty and Joy: The Franciscan Tradition)』을 소개할 수 있어서 매우 기쁩니다. 윌리엄 교수는 제가 프란치스칸 신학 대학원에서 수학할 당시 저의 가장 중요한 은사이셨고, 이 형제보다 더 재미있고 생동감 있으면서도 정확하게 중세 프란치스칸 영성을 설명할 수 있는 사람이 또 있을까 하는 생각이 들 정도로 박식하면서도 쉬운 전달력의 소유자라고 생각합니다. 이 책의 본래 언어판인 영문판의 경우 윌리엄 형제의 그러한 고유함이 담겨 있으나, 제 미천한 번역으로 그분의 지혜와 통찰을 그대로 담아내지 못하는 것이 아쉽고 또 아쉬울 뿐입니다.

가톨릭 교회 안에는 베네딕토회, 아우구스티노회, 가르멜회, 살레시오회, 예수회 등 많은 영성 전통이 존재합니다. 프란치스칸 전통도 그러한 영성 전통 중 하나이며 다른 전통들과 마찬가지로 교회와 인류에 적지 않은 공헌을 해 왔습니다. 최근 교회도 프란치스칸 전통에 큰 관심을 보이는 듯합니다. 2009년에 발표된 교황 베네딕토의 사회 회칙 『진리 안의 사랑(Caritas in Veritate)』에는 프란치스칸 경제 영성과 원칙이 상당 부분 반영되어 있고, 2015년 교황 프란치스코의 사회 회칙 『찬미받으소서(Laudato Si)』에는 프란치스칸의 피조물에 관한 전통과 신학이 대폭 스며들어있음을 볼때, 현대 교회가 프란치스칸 영성 및 신학 전통을 지금 이 세상의 문제를 해결하는 열쇠 중 하나로 보고 있다는 점이 분명해집니다. 교회는 그렇게 프란치스칸들을 다시 바라보고 있고, 이 세상으로 초대하고 있습니다. 따라서 한국 교회와 사회에 프란치스칸 전통을 전파하는 것은 하나의 영성을 단순하게 보급하는 것을 넘어서 한동안 잊혀져 왔지만 여전히 강력하고도 효과적인 치유의 힘을 가진, 그렇게 지금 이 세상의 참된 변화와 발전에 꼭 필요한 전통의 회복이라는 의미로까지 확장될 수 있다고 생각합니다. 그런 의미에서 윌리엄 형제의 이 소중한 책은 프란치스칸 영성 전통에 흥미를 느끼는 초보자나, 이미 프란치스칸 생활을 하는 많은 1, 2, 3회원에게 의미 있고 깊이 있는 출발점이 될 수 있으리라 생각합니다.

이 책을 번역하는 동안 많은 분이 저에게 큰 힘을 주셨습니다. 우선, 이 책을 중심으로 진행했던 부족한 저의 "프란치스칸 영성 전통" 강의를 인내롭게 들어준 "양평 성 클라라 수도회", "마리아의 전교자 프란치스코회", "거룩한 열정의 딸 수녀회"의 수녀님들께 깊은 감사의 인사를 드립니다. 이들은 완벽하지 않은 저의 거친 초역을 함께 읽으며 저에게 끊임없이 힘과 영감을 불어넣어 주었습니다. 또한, 제 부족한 번역글을 성실히 다듬어주신 "프란치스코 출판사" 구성원 모두에게도 깊은 감사의 말씀을 드립니다. 마지막으로 언제나 저에게 말할 수 없이 큰 힘이 되어주시는 작은형제회(프란치스코회) 한국 관구의 모든 형제님께 깊은 감사의 말씀을 드립니다.

이 책으로 많은 신자들과 프란치스칸들이 프란치스칸 영성 전통을 쉽고 올바르고 다채롭게 이해하는 계기가 되었으면 합니다. 다시 한 번, 저의 부족한 번역이 윌리엄 형제의 지혜와 통찰에 누를 끼치지 않기를 바랍니다.

2017년 3월
작은형제회(프란치스코회) 홍천 물구비 수도원에서
김일득 모세

| 감사의 말씀 |

프란치스칸 신학 대학원과 동同 대학원의 학장 윌리엄 치에슬락William Cieslak 교수 및 여타 교수진, 또한 학교의 모든 직원과 학생들은 제가 이 글을 완결할 수 있도록 너그럽게 쉼의 기간을 허락해 주었습니다. 파스칼 호쿰Paschal Hocum은 저의 흩어진 생각을 정리하는데 도움이 되는 질문을 던졌고, 마이클 가이넌Michael Guinan은 제가 이 새로운 책 발간에 소홀하지 않도록 도왔으며, 조 킨니치Joe Chinnici의 복음적 생활에 대한 통찰은 줄곧 유익한 도움이 되었습니다. 캐틀린 모팟Kathleen Mofat과 프란치스칸 연합체에 속한 저의 형제자매들은 제가 육화하신 그리스도를 바라보도록 독려하였습니다. 저의 사매들인 보든타운Bordentown의 클라라회 수녀님들은 프란치스칸 관상에 대한 저의 생각을 기꺼이 경청하였고, 클레어 안드레Claire André는 인내롭게 제 작업을 함께하였습니다.

연합 신학 대학원(Graduate Theological Union)의 그리스도교 영성 학부 박사 프로그램에 속한 과거와 현재의 교수진과 학생들은 말과 표양(verbo et exemplo)으로 이 책이 우리 모두의 노력에 이바지할 수 있도록 격려해 주었습니다. 더글러스 버튼 크리스티Douglas Burton-Christie에게도 특별한 감사를 드립니다. 그는 제가 이 영성 서적 시리즈에 참여하도록 제안하였고, 그리스도교 영성 전통(Traditions of Christian Spirituality) 시리즈의 편집자인 필립 셸드레이크Philip Sheldrake는 이 기획의 준비 과정에서 아직 상자 속에 담겨있던 제 글을 기꺼이 검토하였습니다.

  웨인 헬만Wayne Hellmann과 레지스 암스트롱Regis Armstrong은 프란치스칸 문헌이라는 복잡한 세계의 문제에서 언제나 저의 스승이 되어 주었습니다. 멜 주리식Mel Jurisich은 제게 충분한 시간을 주었고, 존 하딘John Hardin은 제가 필요한 것을 채워 주었으며, 조셉 프로크노우Josef Prochnow는 제 정원을 가꾸어 주었습니다. 마리오 디치코Mario DiCicco는 저에게 필요한 재정을 보장해 주었습니다. 피니안 맥긴Finian McGinn, 스티브 바누프스키Steve Barnufsky, 에드 던Ed Dunn, 리차드 맥마누스Richard McManus, 미구엘 오브레곤Miguel Obregon, 벤 이네스Ben Innes는 제가 속한 작은형제회 성 발바라 관구의 저에 대한 지지를 증명해 주었습니다. 프란치스칸 전통 분야에서 저의 오랜 스승이신 존 본John Vaughn과 케난 오스번Kenan Osborne은 이 책으로 당신들의 프란치스칸 삶 50주년을 기념할 또 다른 이유를 찾게 되기를 희망합니다.

1998년 성탄절
토리노(Turin)에서

| 약어표 |

◆ 프란치스코의 글

권고	권고들
노래 권고	들으십시오, 가난한 자매들이여(노래 형식의 권고)
덕 인사	덕들에게 바치는 인사
동정녀 인사	복되신 동정 마리아께 드리는 인사
레오 축복	레오 형제에게 준 축복
레오 편지	레오 형제에게 보낸 편지
마지막 원의	클라라와 그의 자매들에게 써 보낸 마지막 원의
1보호자 편지	보호자들에게 보낸 편지1
2보호자 편지	보호자들에게 보낸 편지2
봉사자 편지	어느 봉사자에게 보낸 편지
비인준 규칙	인준받지 않은 수도규칙
생활양식	클라라와 그의 자매들에게 준 생활양식
1성직자 편지	성직자들에게 보낸 편지1
2성직자 편지	성직자들에게 보낸 편지2
수난 성무	주님의 수난 성무일도
시간경 찬미	시간경마다 바치는 찬미
시에나 유언	시에나에서 쓴 유언
1신자 편지	신자들에게 보낸 편지1

2신자 편지	신자들에게 보낸 편지2
십자가 기도	십자가 앞에서 드린 기도
안토니오 편지	안토니오 형제에게 보낸 편지
유언	유언
은수처 규칙	은수처를 위한 규칙
인준 규칙	인준받은 수도규칙
주님 기도	"주님의 기도" 묵상
지도자 편지	백성의 지도자들에게 보낸 편지
찬미 권고	하느님 찬미의 권고
참 기쁨	참되고 완전한 기쁨
태양 노래	태양 형제의 노래(피조물의 노래)
하느님 찬미	지극히 높으신 하느님께 드리는 찬미
형제회 편지	형제회에 보낸 편지

◆ 클라라의 글

1아녜스 편지	프라하의 아녜스에게 보낸 편지1
2아녜스 편지	프라하의 아녜스에게 보낸 편지2
3아녜스 편지	프라하의 아녜스에게 보낸 편지3
4아녜스 편지	프라하의 아녜스에게 보낸 편지4
에르멘 편지	에르멘트루디스에게 보낸 편지
클라라 규칙	클라라의 수도규칙
클라라 유언	클라라의 유언
클라라 축복	클라라의 축복

◆ 프란치스칸 초기 원천 사료

1첼라노	성 프란치스코의 제1생애
2첼라노	성 프란치스코의 제2생애(간절한 마음의 비망록)
3첼라노	복되신 프란치스코의 기적 모음집
가난 교제	가난 부인과 성 프란치스코와의 거룩한 교제
대전기	성 프란치스코의 대전기(보나벤투라)
비트리	비트리 야고보의 증언
세 동료	세 동료들의 전기
소전기	성 프란치스코의 소전기(보나벤투라)
아씨시 편집본	아씨시의 편집본(페루자 전기)
익명의 페루자	수도회의 기원 혹은 창설에 대하여
완덕	완덕의 거울
클라라 시성 증언	클라라의 시성 조사 증언
클라라 전기	아씨시의 성녀 클라라의 전기

서론

아씨시의 가난뱅이(Poverello)가 원했던 바는 거룩한 사랑의 학문을 다시 우리의 관심으로 되돌려 놓는 것이었다 … 그리고 실로 그의 마음으로부터 "용솟음치는 샘"에서 하나의 온전한 영성 유파가 당도하였다. 이 영성 유파는 이론의 여지 없이 가장 아름답고, 교회 역사 안에 가장 결정적인 자취를 남긴 아주 풍성한 전통으로서 수 세기에 걸쳐 전파되어 왔다.

오늘날 이 영성 전통은 전혀 어울리지 않는 무시를 당하고 있다. 이 새로운 모음집이 만들어진 이유는 프란치스칸 유파의 지극히 아름다운 작품들을 다시 편집함으로써 프란치스칸 영성 전통이 다시 한번 알려지고 존중받도록 하기 위함이다.[1]

위의 글은 70여 년 전 벨기에 육군 대위 출신의 프란치스칸 마셜 레크Martial Lekeux가 작성한 것이다. 마셜은 제

---

1 Martial Lekeux OFM, 「Note on the Caritas Series」, 『Franciscan Mysticism』, tr. Dom Basil Whelman OSB, London, Sheed and Ward, 1928; Pulaski, Wisconsin, Franciscan Publisher repr. 1956, 1-2.

1차 세계대전의 참혹한 체험 이후 프란치스칸 영성에 관한 글을 쓰기 시작하였는데, 1926년 아씨시의 성 프란치스코 귀천 700주년 기념으로 기획된 프란치스칸 영성에 관한 일련의 서적을 출간하기 위하여 위 저술을 시작하였다. 필자 또한 그리스도교 영성 안에 위치한 프란치스칸 전통에 관한 이 책을 준비하면서 마셜 레크가 가졌던 계획을 우연히 알게 되었고, 그 이야기는 내게 강한 인상을 남겨서 내 작업에 적절하게 연결되었다.

프란치스칸 전통에 관한 마셜 레크의 저술은 특이한 체험으로 시작되었다. 전쟁 기간 최전방 근처에 위치한 브왓슈크Boitshoucke라는 마을의 한 사제가 당시 젊은 병사였던 마셜에게 『하느님 사랑의 교리(The Catechism of the Love of God)』라는 작고 낡은 책을 건넸다. 이 책은 당시에는 거의 잊혀진 프란치스칸 저자였던 풀젠스 보텐스(Fulgence Bottens, + 1717)가 저술한 것이었다. 마셜은 "나는 그 책을 아무런 열의 없이 받았다"고 적는다. 왜냐하면, 그것은 단지 "오래된 플라망(Flemish)어로 문답식으로 작성된" 일반적인 교리서로만 보였기 때문이었다. 그러나 마셜은 그날 밤과 그다음 날에도 계속해서 그 책을 읽어나갔다. 이에 관하여 그는 "마치 엠마우스의 제자들의 영혼이 체험했던 것처럼, 나의 영혼도 내 안에서 타올랐다"고 기록한다. 이 젊은 병사는 이 책을 통하여 프란치스칸 영성 전통을 발견했던 것이다.

마셜 레크는 이렇게 하나의 영성 전통에 뿌리를 둔 작가와의 개인적인 접촉을 통하여 20세기 초엽을 살아가던 광범위한 대중이 프란치스칸 전통에 속한 주요 인물들의 작품을 쉽게 접하도록 돕는 계획에 착수하였다. 필자 역시 이 책을 통하여 21세기 초엽을 살아가는 또 다른 대중들에게 그와 같은 일을 하고자 한다.

프란치스칸은 누구인가?

"프란치스칸 운동" 혹은 "프란치스칸 가족"은 기원에서부터 풍성한 다양성을 포함해 왔으며, 그 다양성을 하나의 일관된 "체계"로 전환하려는 매우 진중한 시도마저도 받아들이지 않는 것처럼 보인다. 오늘날의 "프란치스칸"을 묘사한다는 것 역시 엄청난 기획이다. 프란치스칸 가족은 수백만 남녀 평신도로 구성된 재속 프란치스코회(회개의 형제자매회, 혹은 3회)를 품고 있다. 또한, 회개의 형제회로부터 성장해 나온 수백 개의 수도 공동체에서 살아가는 수십 만의 남녀 수도자들(수도 3회)도 프란치스칸 가족 안에 포함되어 있다. 흔히 2회라고 불리는 클라라회(클라라가 창설한 "가난한 자매들의 회")와 실바의 베아트리체(Beatrice of Silva)가 창설한 원죄 없이 잉태되신 마리아회(컨셉셔니스트, Conceptionist)의 수녀들은 전 세계 여기저기 흩어진 수백 개의 자치 공동체에서 살아가고 있다. 그리고 1회에 소속된 수만 명의 성직자 및 평신도 남성들(작은 형제들)이 있는데, 이들은 꼰벤뚜알 프란치스코회, 카푸친 작은형제회, 작은형제회 등 세 개의 큰 가족으로 나누어져 있다. 이 중 작은형제회는 "준수 형제회(Observants)", 혹은 교황 레오 13세 이후에 "레오 일치의 준수 형제회"로도 불린다. 영국 성공회에도 프란치스칸 공동체들(성 프란치스코회, the Society of Saint Francis)이 존재하고 있고, "그레이무어 프란치스칸(Graymoor Franciscans, the Society of the Atonement)"과 같이 처음에는 성공회에서 시작했으나 후에 로마 가톨릭이 된 무리도 있다.

19세기 초엽에는 프란치스코를 공경하는 이들과 학자들로 구성된 소위 "제4회"가 부상하였다. 이들 중 많은 이가 프란치스칸 전통에 관한 새로운 발견에 이바지하였고, 이들 중 주요 인물이라면 프랑스 개혁 교회의 폴 사바티에르Paul Sabatier가 있다. 그가 1893년에 출간한 『성 프란치스코의 생애(Vie de Saint François)』는 소위 "프란치스칸 논쟁(Franciscan Question)"이라고 불리는 프란치스코라는 인물에 관한 활발한 토론에 불을 붙였다. 또한, 다른 많은 학자와 대중 작가들 역시 지난 한 세기 동안 프란치스칸 전통의 주제와 인물들을 묘사하였다(물론 그 이전 700년간의 학자들이나 작가들에 관해서는 말할 것도 없겠다).

프란치스코, 클라라, 프란치스칸 전통

프란치스칸 영성을 이해하기 위해서는 이 전통의 창설자인 아씨시의 프란치스코와 클라라에 대한 이해가 필요하고, 그들이 살았던 맥락에도 친숙해야 한다. 제1장에서는 이 창설자들의 전기적이고 역사적인 배경이 간략하게나마 그려질 것이다. 그에 더하여 훗날 전개될 프란치스칸 전통을 이해하기 위한 초석으로 창설자들의 영성의 기본적인 구조가 요약 제시될 것이다. 이어지는 장章들에서는 프란치스코와 클라라를 출발점으로 삼는 한편, 영성에 대하여 새롭게 재개된 현시대의 관심에서 분명히 드러나고 있는 우려를 고려하면서, 프란치스칸 전통의 몇몇 중요 주제들을 묘사할 것이다.[2]

프란치스코와 클라라가 특별한 위치를 점하기는 하지만, 이 책의 내용은 사실 그들 영성에 관한 연구 그 이상의 것이고, 또한 하나의 전통이 실현되는 방법에 관한 것이기도 하다. 프란치스코와 클라라 사후, 프란치스칸 운동을 초기에 접한 이들은 두 창설자의 체험에 영감을 받아 만들어진 구술口述 및 문서 전통을 후대에 전하였다. 이후 시간이 지남에 따라 새로운 참여자들은 이 전통을 조정하고 풍성하게 하였으며, 지속해서 다시 해석하였다. 오늘에 이르기까지 프란치스칸 삶의 방식을 따르는 이들은 이 프란치스칸 전통을 계속해서 새로운 언어와 문화와 역사적 맥락에서 해석해 왔다. 지금 우리가 알고 있는 프란치스칸 전통'은 그렇게 우리에게 전달되었다. 지난 8세기의 프란치스칸 영성 전통에 속한 주요 영성 작가들에 대해서만 종합적으로 검토하더라도 이 책의 범위를 크게 벗어날 것이다. 그러

---

[2] 개별 영성 작가들 및 작품과 일반적인 주제들 간의 조화를 꾀하는 것은 그리스도교 영성 분야를 연구하거나 집필하는 누구에게나 하나의 난제이다. 다음에 소개하는 책이 이 글을 위한 유용한 모델이 되었다: 『World Spirituality: An Encyclopedic History of the Religious Quest』, 25 volumes (projected), Ewert Cousins (ged. ed.), New York, Crossroad, 1985-. 이 글의 편집자들은 주제별 소론은 물론 개별 저자 및 작품에 관한 글을 제공함으로써 내용의 깊이와 폭 모두를 고려하였다. 이 시리즈물 중에서 그리스도교 영성을 다루는 것은 다음 세 권의 책이다: Volume 16, 『Christian Spirituality: Origins to the Twelfth Century』, ed. Bernard McGinn, John Meyendorff, Jean Leclercq, 1985; Volume 17, 『Christian Spirituality: High Middle Ages and Reformation』, ed. Jill Raitt, 1987; Volume 18, 『Christian Spirituality: Post-Reformation and Modern』, Louis Dupré and Don E. Saliers, 1989.

한 연구 또한 필요하지만, 이는 현대 프란치스칸 학자들 덕택으로 이미 시작되었다.[3] 필자가 이 책에서 의도하는 바는 프란치스칸 전통의 견본이나 맛보기, 혹은 아페르티보(apertivo, 애피타이저라는 뜻으로 프란치스칸 전통의 이탈리아 뿌리에 경의를 표하며 이탈리아어로 표현하였다)를 제공하는 것이다. 이러한 필자의 소박한 저술 의도는 불가피한 여러 생략에 대한 좋은 핑곗거리가 될 수 있으리라 생각한다. 사실 필자는 그러한 생략을 죄송스럽게 생각한다.

이 글을 읽는 독자들이 프란치스칸 전통에 속한 주제와 인물에 대한 더 나은 이해를 통하여 그리스도교 영성 전통이라는 거대한 집합에 속한 이 "소수 집단"을 좀 더 이해할 수 있기를 희망한다. 무질서하면서도 직관적이고, 창조적이면서도 애정 넘치고, 급진적이면서도 순종적인 프란치스칸 전통이 영성의 "길"을 추구하는 이들에게 하나의 매력적인 여정을 제공하기를 희망한다.

---

3 프란치스칸 전통의 발전에 관한 요약은 다음의 아티클에서 읽을 수 있다: 「Frères Mineurs」, 『Dictionnaire de Spiritualité, Ascetique et Mystique』, Paris, Beauchesne, 1962, vol. V, col. 1268-1422. 또한, 프란치스칸 영성 저자들에 관한 최초의 사전적인 책 두 권도 다음과 같이 이탈리아어로 간행되었다: 『Scritti dei Mistici Francescani, Secolo XIII』, (I mistici, vol. I), Assisi, Editrici Francescane, 1995; 『Mistici Francescani, Secolo XIV』, (vol. I I), Assisi, Editrici Francescane, 1997. 이 두 권의 책은 프란치스칸 영성 전통에 속한 모든 주요 저자들을 연대기적으로 배치하며 다루고 있다.

가난과 기쁨

제1장
우리 주 예수 그리스도의 발자취를 따름

프란치스칸 운동에 대한 초기 논평자들의 견해에는 "새로운"이라는 단어가 자주 나타난다. 사실 프란치스코 시대의 많은 이의 눈에 프란치스코는 당대의 범주에 쉽게 분류되지 않는 새로운 종류의 그리스도인으로 보였다. 프란치스코는 1200년대 초기에 선택할 수 있었던 이미 잘 확립된 그리스도인 삶의 형태를 받아들이는 대신, 프란치스코 자신도 말하듯이 새로운 "삶의 형태"를 창조하며 더 어려운 삶의 양식을 택하였다. 이 삶은 당시 널리 퍼져있던 대수도원적-교회법적 삶의 형태가 아니었다. 이렇게 무엇인가 새로운 것을 창조하도록 이끈 힘은 "주 예수 그리스도" 친히 그를 인도한다는 깊은 확신이었다.[4] 곧이어 동료들이 합류하였다.

---

4 초기 프란치스칸 사료의 비판본은 다음을 보라: Enrico Menesto', Stefano Brufani et al. (eds.), 『Fontes Franciscani』, S. Maria degli Angeli-Assisi, 1995.
  영어본 프란치스코와 클라라의 글 및 프란치스칸 초기 사료는 다음을 보라: Regis J. Armstrong, Wayne Hellmann, and William J. Short (eds.), 『Francis of Assisi: Early Documents』, vol. I, II, III, New York-London-Manila, New City Press, 1999-2001; Regis J. Armstrong (ed.), 『The Lady: Francis of Clare: Early Documents』,

이에 관하여 프란치스코는 다음과 같이 말한다. "주님께서 나에게 몇몇 형제들을 주신 후…."[5] 이들은 복음에 기초한 삶의 양식에 따라 하나의 형제체(fraternity)를 형성하였다. 이들은 어느 정도는 관상 생활을 살았고, 또 일정 부분 대중 설교가로 살아가면서 손수 일하여 생계를 꾸렸다. 이렇게 일할 때 형제들은 종종 병든 이들과 함께 지냈으며, 그 가난한 이들을 위해 구걸하기도 하였다. 이 초기 형제체는 얼마 지나지 않아 프란치스코의 귀천 2년 전에 공적으로 인준된 수도규칙을 갖춘 하나의 수도회(작은형제회)의 형태를 띠게 되었다. 그리고 얼마 후 학식 있는 회원들과 사제 형제들을 포함하게 되었다.

아씨시의 클라라는 가문에 속한 남성들의 폭력적인 반대에도 프란치스코의 모범과 설교에 감화되어 복음적 삶이라는 새로운 삶의 방식을 따르기로 마음먹었다. 클라라는 이 새로운 "삶의 양식"을 여성들의 공동체 안에서 발전시켰는데, 이 공동체는 자매적 친교, 기도

New York-London-Manila, New City Press, 2006.
*역자 주: 우리말 프란치스코와 클라라의 글 및 초기 프란치스칸 사료는 다음을 보라: 작은형제회(프란치스코회) 한국 관구 엮음, 『프란치스코와 클라라의 글』, 서울, 프란치스코 출판사, 2014; 토마스 첼라노, 『아씨시 성 프란치스코의 생애』, 프란치스코회 한국 관구 편, 경북, 분도출판사, 1986; 보나벤투라, 『아씨시의 성 프란치스꼬 대전기』, 권숙애 옮김, 경북, 분도출판사, 2011; 『성 프란치스꼬의 잔꽃송이』, 프란치스꼬회 한국 관구 옮김, 경북, 분도출판사, 1988; 『성 프란치스코 전기 모음』, 작은형제회 한국 관구 엮음, 서울, 프란치스코 출판사, 2016; 보나벤투라, 「하느님께 나아가는 정신의 여정」, 박장원 옮김, 『프란치스칸 삶과 사상』, 제41호, 2014년 봄.
5 「유언」, 14.

와 손노동, 수입을 창출하는 고정 자산을 가지지 않는 삶 등으로 특징지어진다. 클라라는 전통적인 대수도원적 삶의 양식의 요소와 평신도 여성 회개 운동의 삶의 양식을 결합하여 클라라 고유의 "거룩한 복음을 따르는 삶"의 표현을 만들었다. 이 삶의 독특한 특징으로 특히 자매들의 생계를 위한 노동과 구걸을 강조하는 클라라로 인해 교회 당국자들의 근심이 컸다. 당시 교회 당국자들은 몇 번이고 되풀이해서 클라라에게 더 안전하고 더 전통적인 삶의 양식을 받아들일 것을 권유하였다. 클라라가 "복음적 실험"을 시작한 지 40년 후에야 비로소 그녀 자신이 직접 작성한 수도규칙이 인준되었다. 이 수도규칙은 여성이 여성 수도자들을 위하여 작성한 첫 번째 수도규칙이었다.

프란치스코는 자신의 죽음이 가까워지자 삶을 회고하면서 기술한 「유언」에 프란치스칸 전통이 어떻게 시작되었는지를 다음과 같은 놀랍고도 단순한 이야기로 남긴다. "주님께서 나 프란치스코 형제에게 이렇게 회개를 시작하도록 해 주셨습니다." 그러고 나서 프란치스코는 자신의 회개 단계를 다음과 같이 전한다. 나병 환자들을 보는 것의 역겨움이 나중에 그들과 함께 지내면서 '단맛'으로 바뀜, 그가 수리한 성당들에 대한 신심, 첫 동료들의 합류, 주님으로부터 영감 받아 "몇 마디 말로 그리고 단순하게" 기록한 "삶의 양식" 등[6]의 흐름이다.

---

6   「유언」, 1-3, 5-7, 16-18.

프란치스코에게 있어서 위대한 발견이자 당시 사람들에게도 새로운 인상을 주었던 것은 사실 복음서 그 자체만큼이나 오래된 것이었다. 주님께서 친히 프란치스코에게 예수와 제자들이 함께 살았던 그 삶의 양식을 살아갈 갈망을 불어넣었다. 예수가 제자들과 함께 살았던 삶에 대한 갈망은 오늘날 우리에게는 흔한 일이라 생각될 수도 있겠다. 우리는 "복음적 삶", 혹은 "복음적 가치"에 관하여 흔히 이야기하고 그러한 문구를 당연한 것으로 여긴다. 그러나 프란치스코 시대에는 그렇지 않았다. 당시 수도 공동체는 사도행전(2,44-7; 4,32-5)에 묘사된 예루살렘 초기 그리스도교 공동체를 모방하려고 힘썼다. "빵을 떼어 나누고 기도하는 일"의 질서 정연한 삶의 리듬, 사도들의 가르침을 따름, 모든 것을 공동으로 소유하며 나누는 삶이라는 이 삶의 모델은 수도자들의 초기 공동체부터 의전 사제단 공동체라는 당대 최신의 삶의 형태에 이르기까지 제자 됨의 건전하고도 적절한 표준 규범으로 사용되었다.

그러나 프란치스코는 당시 확립되지 않았던 삶, 즉 예수 스스로가 마리아와 제자들과 함께 짧은 기간 갈릴래아와 주변 지역에서 수행하던 소명을 더 가깝게 따르는 삶의 양식을 따르고자 하였다. 프란치스코가 예수와 마리아와 제자들을 언급하는 것은 다분히 의도적이라 할 수 있는데, 이는 프란치스코가 그들 안에서 자신과 초기 형제들의 삶의 원형을 보았음을 드러낸다. "주님 자신도 복되신 동정녀도 제자들도 가난하셨고 나그네이셨으며 동냥으로 사셨습

니다."⁷

여행하는 동안 다른 이의 관대함에 의존하는 이 나그네의 삶은 프란치스코의 심금을 울렸다. 가난 안에서 살아간 예수와 예수 "공동체"의 구성원들은 하느님 나라를 선포하고 그 나라의 현존을 살아가는 것이 무슨 의미인지를 가장 잘 드러내는 모범이었다. 프란치스코의 생애를 최초로 기록한 프란치스코의 동료 토마스 첼라노는 프란치스코의 회개 초기 시절 어느 날 복음 구절을 듣는 그의 모습을 묘사하고 있다. 이 복음 구절은 예수가 제자들을 파견하는 장면이었는데, 프란치스코의 마음을 깊이 움직였기에 그는 미사 후 사제에게 그 복음 구절을 설명해 달라고 청하였다(이 구절은 라틴어로 낭독되었을 것이다. 프란치스코는 라틴어를 알고는 있었지만, 썩 잘하지는 못했다).

이 복음 구절에서 예수는 하느님 나라를 선포하기 위하여 제자들을 파견한다. 여기서 예수는 제자들에게 금이나 은, 여벌 옷, 신발이나 지팡이도 지니지 말라고 가르친다.⁸ 이에 관한 사제의 설명을 들은 프란치스코는 다음과 같이 외쳤다. "이것이 바로 내가 찾던 것이다. 이것이 바로 내가 원하던 것이다. 이것이 바로 내 온 정성을 기울여 하고 싶어 하던 바다."⁹ 프란치스코가 세상을 떠난 지 2년 후, 토마스 첼라노는 프란치스코의 열정을 이 세상에 전해주고자 하였다.

---

7 「비인준 규칙」, 9, 5.
8 이 복음 구절은 사실 다음과 같은 여러 다른 이야기를 엮어놓은 것이다: 마태 10,9-10; 루카 9,3; 마르 6,8.
9 『1첼라노』, 22.

이 열정은 프란치스코가 자기 삶의 방식을 요약한 문구, 즉 "우리 주 예수 그리스도의 거룩한 복음을 실행하는 것"[10]이라는 문구 안에 잘 표현되어 있다.

클라라는 자신이 작성한 수도규칙 도입부에서 가난한 자매회(초기 산 다미아노 공동체의 이름)의 생활양식은 프란치스코가 만들었으며 그 삶은 곧 "예수 그리스도의 거룩한 복음을 실행하는 것"[11]이라고 말한다. 클라라는 자매들과 함께 살아가는 자신의 삶을 복음의 "거울"로 생각하였다. 이 "거울"은 그리스도의 얼굴이 세상에 비추어진 것이었고, 특히 아씨시라는 폭력적이고 불안한 세상에 그렇게 비추어진 것이었다. 클라라와 그녀의 공동체는 가난과 평화로운 일치라는 모범을 살아감으로써 복음을 선포하였다. 클라라의 귀천 후, 클라라의 생애와 덕을 조사한 「클라라의 시성 조사 증언」에서 동료 자매들과 아씨시 시민들도 그와 같은 클라라의 모범을 증언하였다. 「클라라의 시성 조사 증언」에는 다음과 같은 증언이 담겨 있다. 육체적 정신적 병으로 고통받던 이들이 클라라로부터 위로와 치유를 얻었고, 용병들이 클라라와 마주친 후 아씨시 공격에서 물러났으며, 클라라가 굶주린 이들에게 음식을 제공하였고, 자매들의 발을 씻겨 주었으며, 산 다미아노 공동체의 모범을 따라 공동체를 설립하던 이들을 격려하였다. 이 모든 것 안에서 클라라는 "주님의 발자취"를 따른다는 주제

---

10 「인준 규칙」, 1.
11 「클라라 규칙」, 1,1-2.

를 늘 새롭게 시작하였다.

  프란치스코와 클라라는 그들의 수도규칙에 기록한 바와 같이 복음을 따르는 삶을 살기 시작하였다. 그런데 이 삶이 정말로 새로운 것이었을까? 사실 완전히 새로운 삶의 형태였다고 말할 수는 없다. 프란치스코와 클라라 이전 세기의 다른 이들도 복음을 삶의 양식으로 지칭한 바 있었다. 프랑스에서는 뮤레Muret의 스테파노(+ 1124)가 베네딕토나 아우구스티노의 수도규칙이 아닌 복음을 자기 공동체의 삶의 지침이라고 이야기 한 바 있었다. 리옹의 회개한 상인 베드로 발도Peter Waldo도 순회 복음 설교라는 모델을 삶의 형태로 삼았다. 베드로 발도의 추종자들인 리옹의 가난한 이들(Poor of Lyons, 훗날 '발도파'), 북부 이탈리아의 우밀리아티Humiliati, 우에스카Huesca의 듀란드Durand가 이끈 가난한 가톨릭 신자들(Poor Catholics)의 무리 역시 복음서에 나타난 삶의 모습을 그들 공동체의 기준으로 삼았다.

  그렇다면 왜 프란치스코와 그의 삶의 양식이 사람들에게 새로운 것으로 인식되었을까? 그 이유는 아마도 앞서 언급한 다른 무리와는 달리 프란치스코는 인노첸시오 3세, 호노리오 3세, 그레고리오 9세로 이어지는 교황권과 긴밀한 친교 관계에 머무르려 애썼기 때문일 것이다. 이를 통해서 다른 무리가 가끔씩 감내해야 했던 비난을 모면할 수 있었다. 프란치스코의 삶의 양식이 새로운 것으로 각인되었던 또 다른 이유는 삶의 엄격함을 매력적인 기쁨과 결합하고, 가난한 이들에 대한 봉사를 피조물 안에서의 시적인 환희와 결합하며, 대중 설교를 조용한 관상과 결합하고, 선교 여정을 오랜 기간의 산

중山中 은둔 생활과 결합했던 프란치스코의 모범 때문이었을 것이다.

클라라의 천재적인 자질은 당대 여성들에게 전통적인 대수도원 양식의 범위 밖에서 복음적 삶의 양식을 살아갈 기회를 제공했다는 데에 있을 것이다. 클라라의 공동체는 베긴(Beguines, 중부 이탈리아에서는 비쪼케bizzocche라고 불렸다)이라는 평신도 회개자들의 공동체가 지닌 특징을 공유하였다. 산 다미아노의 자매들은 생계를 위하여 손수 노동하였는데, 이 노동은 주로 직물을 다루는 일이었다. 생계를 위한 노동은 클라라가 속한 귀족 계급에는 드문 일이었다. 그리고 그들 노동의 대가가 생활필수품을 조달하는데 충분치 않으면 생계를 위한 동냥에 의탁하였다. 이 탁발은 주로 프란치스코의 형제들이 행하였다. 산 다미아노의 작은 성당에 있는 자매들의 공동체는 근교의 베네딕토회 수녀원들과는 달리 입회 지참금을 요구하지 않았다. 클라라 생전에 산 다미아노 자매들의 삶을 따르던 많은 수의 여성 공동체가 생겨났다. 이는 13세기 당시 급성장하던 여성 수도자들의 회복이라는 맥락에 영향을 미친 클라라 자매들의 삶의 양식이 지닌 엄청난 매력을 입증하는 것이라 할 수 있다.

클라라와 프란치스코의 이 복음적 운동을 참으로 "새로운" 것으로 특징짓는 마지막 요소는 바로 프란치스코의 몸 그 자체였다. 프란치스코의 손과 발과 옆구리에 그리스도 수난의 표시인 오상이 새겨졌다는 소식은 프란치스코의 사후에 빠른 속도로 전파되었다. 프란치스코의 시성식에서 찬양되었던 바와 같이, 이러한 "새로운 기적"으로 프란치스코는 이전의 성인들과는 다른 성인이 되었다. 또한, 미래 세대는 프란치스코를 그리스도의 살아있는 모상, 즉 주님과 완전하게 결합한 사람으로 여기게 되었다. 성인으로서의 프란치스코에 대한 대중 신심이 커진 데에는 그 어떤 요소보다도 프란치스코의 오상이 있었고, 또한 이후 세기에 펼쳐지는 프란치스코에 관한 논쟁도 이 오상이 만들어 낸 것이었다. 사실 이 모든 것은 그리스도의 삶과 프란치스코의 삶의 "일치"라는 주제를 과장되게 강조한 것이라 하겠다. 이 과장된 강조는 훗날 마틴 루터Martin Luther의 분노를 자아내는데, 루터는 종교 개혁 시기에 성인들에 대한 "우상적" 경배를 비난하곤 하였다.

그러나 프란치스코와 클라라 및 그들의 초기 동료들이 성장하였던 역사적 맥락, 즉 훗날 프란치스칸 혹은 프란치스칸-클라리안 전통으로 발전하게 되는 그 역사적 맥락을 살펴보기 위해서 오상이라는 문제에서는 한발 물러서는 것이 바람직할 것이다. 초기 프란치스칸들의 역사적 맥락을 살펴보기 위해서는 초기 프란치스칸 운동 구성원들이 체험, 특히 프린치스코와 클라라가 살았던 체험을 이해할 필요가 있다. 여기서 우리는 이들 경험의 주요 부분만 살펴볼 수밖에 없다. 초기 프란치스칸 운동에 대한 더 복잡한 사항에 관해서는 이미 많은 양의 글이 집필되었다.[12] 우리가 다룰 논제를 위해서 여기

---

12 프란치스코와 클라라 시대의 아씨시에 관하여 풍부하게 기록한 자료는 다음을 보라: Arnaldo Fortini, 『Francis of Assisi』, tr. Helen Moak, New York, Crossroad, 1981. 이 책은 본래 다음의 다섯 권의 책으로 출간되었다: 『Nova Vita di San Francesco』, Santa Maria degli Angeli, Italy, Tipografia Porziuncula, 1959. 광범위한

서는 프란치스코와 클라라가 살아간 시기와 생애에 관한 일부 필수적인 배경만 살펴보도록 하겠다.

아씨시

프란치스코와 클라라 모두 12세기 말 중북부 이탈리아의 아씨시라는 사회에서 프란치스코는 1181년 혹은 1182년에 태어났고, 클라라는 1193년 혹은 1194년에 태어났다. 이전의 봉건주의는 이 시기의 새로운 세력에게 무너지는 형국이었는데, 이는 특히 중부 이탈리아에서 더욱 두드러졌다. 상인이라는 새로운 계급은 뚜렷하게 그 존재감을 드러내고 있었다. 아씨시와 같은 성읍은 정치적 중요성에서 봉건 영지에 필적하고 있었다. 주조 화폐와 무역은 이전까지 경제의 주요 원동력이었던 물물 교환과 자급 농업을 대체하고 있었다. 출장

연구에 기초한 현대의 프란치스코 전기는 다음을 보라: Raoul Manselli, 『St Francis of Assisi』, tr. Paul Duggan, Chicago, Franciscan Herald Press, 1988. 이 책의 이탈리아어 원본은 다음과 같다: 『San Francesco d'Assisi』, Rome, Bulzoni, 1980, 2nd rev. end, 1981. 클라라의 생애와 글에 관한 최근의 연구는 다음을 보라: Ingrid J. Peterson OSF, 『Clare of Assisi: A Biographical Study』, Quincy IL, Franciscan Press, 1993; Margaret Carney OSF, 『The First Franciscan Woman: Clare of Assisi and Her Form of Life』, Quincy IL, Franciscan Press, 1993; Marco Bartoli, 『Clare of Assisi』, tr. Sister Frances Teresa OSC, Quincy IL, Franciscan Press, 1993. 이 책의 이탈리아어 원본은 다음과 같다: 『Chiara d'Assisi』, Rome, Istituto Storico dei Cappuccini, 1989.

사업가들에게 꼭 필요한 요소였던 개선되고 안전한 도로망은 아씨시와 같은 도시에 이탈리아 전역은 물론이고 알프스 너머 프랑스와 유럽의 다른 지방으로 여행할 기회를 제공했고, 바닷길로는 중동 지역과 북아프리카 지역에도 닿을 수 있었다.

서로 반목하던 정치 세력들은 신성 로마 제국 황제(사실 로마 황제는 독일인이었다)와 동맹 관계에 있던 아씨시의 귀족 가문(클라라의 가문도 여기에 포함된다)과 프란치스코의 가족이 포함된 신흥 상인 계급을 갈라 놓았다. 신흥 상인 계급은 황제와 귀족 계급의 통치라는 멍에를 뿌리치고자 하였다. 아씨시는 프란치스코와 클라라가 어린 시절을 보내던 시기에 이미 한 차례 내전을 겪었고, 얼마 후에는 아씨시의 지평선 너머 보이는 이웃이자 경쟁 도시 페루자와 전쟁을 치렀다.

또한, 당시에는 거룩한 전쟁, 즉 십자군 원정이 진행 중이었다. 십자군 원정은 기사, 예언자, 거지, 모험가 등의 연이은 물결을 유럽에서 중동으로 계속해서 내보내고 있었다.[13] 이 여정에 참여한 음유 시인들은 기사들의 위대한 업적을 노래하였고, 작가들은 아서 왕과 원탁의 기사들을 칭송하는 서사시를 작성하였다.

십자군이 무공武功으로 유명해진 기사들만을 아씨시로 되돌려 놓

---

13 1099년, 제1차 십자군 원정으로 예루살렘을 이슬람 통치에서 탈환하였다. 제2차 원정은 다마스커스 패배로 막을 내렸다(1148). 제3차 원정(1189-1191)과 제4차 원정(1202)은 프란치스코와 클라라의 어린 시절에 발생하였다. 제5차 원정 기간(1218-1222) 프란치스코는 이집트의 다미에타(Damietta)에서 이슬람 세력의 지도자와 만남을 가졌다.

은 것은 아니었다. 이들은 오늘날 한센병이라고 불리는 나병도 함께 가지고 돌아왔다. 한센병은 십자군 원정 이전 시기의 서유럽에서는 매우 드문 질병이었고, 중동 지방의 풍토병이었다. 점점 더 많은 수의 십자군, 상인, 순례자들이 팔레스타인 성지로부터 귀환하자, 한센병 역시 동시대인에게 큰 불안감을 줄 만큼 급속도로 전파되었다. 시민 자치 정부와 교회 당국자들은 한센병 감염자들을 격리하기 위한 엄격한 규정을 공포하기 시작하였고, 프란치스코와 클라라가 태어났을 무렵 아씨시 성벽 밖에는 엄격하게 격리된 한센인 병원이 이미 설립되어 있었다.

불안과 기대를 전파하는 설교가, 예언가, 개혁가로 가득 찼던 13세기 초엽은 십자군의 기구한 운명으로 인하여 한층 극적인 상황이 연출되었다. 불안감은 구원에 관한 것이었다. 심판의 날이 가까웠으며, 거의 아무도 구원받지 못할 것이고, 오직 이런 스승 혹은 저런 교리 혹은 이런 저런 "삶의 양식"을 따르는 것만이 구원을 희망할 수 있는 상황이었다. 대중 설교가들의 메시지에 불안감을 느낀 교회 당국은 이단적인 운동의 확산에 점점 더 많은 관심을 두었다. 카타리 혹은 알비파 이단이라고 불리는 무리는 로마 가톨릭 교회와 병행하는 교회 구조, 즉 주교, 사제, 성사 등을 두는 구조를 만들었으며, 남부 프랑스와 북부 이탈리아의 롬바르디아 지방, 아씨시 근교의 소도시 등에서 강세를 보였다.

프란치스코

프란치스코와 동시대인이었던 토마스 첼라노가 작성한 『성 프란치스코의 생애』는 프란치스코 사후 3년 후인 1229년에 출간되었다. 프란치스코의 『제2생애』(사실 이 책은 여러 다른 회고를 엮어 놓은 것이다) 역시 첼라노가 20여 년 후에 성인의 초기 동료들이 전해준 기록물과 구전에 근거하여 작성한 것이다. 이 문헌들은 오늘날 우리가 말하는 전기적 정보와 다른 성인들의 전기(성인전, Hagiography)에서도 나타나는 전형적인 주제들을 섞어놓은 것이다.[14] 아래에 묘사되는 프란치스코의 생애는 토마스 첼라노의 개요를 따르도록 하겠다. 첼라노의 개요는 대체로 신뢰할 만하다고 여겨지고 있다.

프란치스코는 1181년, 혹은 1182년에 아씨시의 신흥 상인 계급의 가문에서 태어났다. 프란치스코는 태어나자마자 세례자 요한의 이름을 따라 조반니(Giovanni, 요한)라는 이름으로 세례를 받았지만, 프랑스 사람이라는 말에서 파생된 "프란체스코Franccsco"라는 애칭으로 더 널리 알려져 있다. 프란치스코의 아버지 피에트로 베르나르도네Pietro Bernardone는 꽤 성공한 의류 상인이었다. 몇몇 원천 사료에서 피카Pica

---

14 오늘날 다음과 같은 몇 개의 사료가 특히 더 중요하게 여겨진다: 『익명의 페루자』, 『아씨시 편집본(페루자 전기)』, 『세 동료』. 학자들은 지난 세기 내내 토마스 첼라노의 작품들이 초기 프란치스칸 동료들의 사료와 맺는 복잡한 관계인 소위 "프란치스칸 논쟁"을 활발히 토론하였다. 이에 관해서는 다음을 보라: Fernando Uribe, 「Cien Años de la cuestión Franciscans: Evolución de la problematica」, 『Antonianum』, LXVII, fasc. 1, January-March, 1993, 348-374.

라고 언급되는 프란치스코의 어머니는 아마도 프랑스 사람이었을 것으로 보인다. 프란치스코는 어린 시절을 보내고 가족의 의류 사업에서 함께 일한 후, 기사가 되는 방법으로 사회적 신분 상승을 꿈꾸었다. 아씨시 편에 서서 페루자와의 전쟁에 참전한 프란치스코는 포로로 잡혀 투옥되고 말았다. 감옥에서 풀려난 후에는 꽤 심각한 질병으로 투병 생활을 해야했고, 또다시 기사가 되고자 하는 열망으로 이탈리아 남부의 군사 원정에 참여하고자 했으나 그 뜻을 이루지 못하였다. 이후 프란치스코는 회개 여정을 걷기 시작하였다. 그는 자주 외딴 곳을 드나들며 평신도 회개자로서 살았다. 성당을 수리하였고, 나환자들을 돌보았으며, 곧이어 동료들이 모여들기 시작하였다. 첫 번째 "형제들"의 무리가 12명이 되자 형제들은 교황 인노첸시오 3세에게 생활양식에 대한 인준을 청하였고, 교황은 구두로 인준해 주었다. 사실 교황 인노첸시오는 당시의 많은 수도생활 쇄신 운동에도 그와 같은 인준을 주고 있었다.

프란치스코는 많은 설교 여행을 하였다. 처음에는 이탈리아에서만 설교 여행을 하였지만, 나중에는 스페인을 거쳐 모로코에 이르는 여정에 오르기도 하였다(프란치스코는 이 여정 중에 심각한 병으로 고통받다가 다시 이탈리아로 돌아왔다). 후에 제5차 십자군 원정 기간에는 이집트로 가서 이슬람 지도자 멜렉 엘 카밀Melek el-Kamil 앞에서 설교하기도 하였다. 또한 그는 계속해서 기도를 위한 외딴 장소를 찾았다. 때로는 연례적으로 상당 기간을 중부 이탈리아의 산에 있는, 그가 사랑하던 은수처에서 지내기도 하였다. 생애 말엽에는 건강을 잃어가면서 작은형제회라고 불리는 형제회의 실질적인 지도자 역할에서 물러났다. 귀천(1226년 10월 3일 저녁) 3년 전에는 교황 호노리오 3세로부터 수도규칙을 최종적으로 인준 받았다. 오스티아의 주교이자 프란치스코의 친구요 조언가였던 우골리노 추기경은 훗날 교황 그레고리오 9세가 되어 1228년에 프란치스코를 성인품에 올렸다.

클라라

 오늘날 우리가 클라라에 관하여 알 수 있는 주요 자료로는 클라라가 직접 작성한 글, 증인들이 맹세하며 이야기한 증언집인 「클라라의 시성 조사 증언」, 프란치스코의 동료 중 하나였던 익명의 당대 작가가 작성한 「아씨시의 성녀 클라라의 전기」 등이다.
 귀족 가문의 어린 소녀였던 클라라는 전쟁과 기도, 부와 망명 등과 같은 명암이 엇갈리는 환경에서 자라났다. 클라라의 아버지 파바로네 오프레두치오Favarone Offreduccio는 도시에서 중요한 시민이었다. 클라라의 어머니 오르톨라나Ortolana는 로마뿐만 아니라 성 미카엘 성지가 있는 이탈리아 남부의 가르가노Gargano 산 등 먼 거리의 성지 순례를 다녔던 신심 깊은 여인이었다. 클라라도 어린 시절에 어머니의 모범을 따라 스페인 콤포스텔라Compostella의 성 야고보 성지를 순례하는 친구를 돕기도 하였다.
 클라라 가문의 남자들은 군인, 즉 기사들이었다. 클라라의 집안에는 모두 일곱 명의 기사가 있었다. 또한, 가정을 지키는 경비원 조반니 디 벤투라Giovanni di Ventura도 있었는데, 그는 훗날 클라라의 시성 증언에 증인으로 참여하기도 하였다. 클라라의 집안은 지역의 다른 귀족 가문과 군사적 정치적 동맹을 맺고 있었고, 이들은 황제 프레데릭 2세를 지지하고 있었다. 아씨시 상인들은 성읍 안에 있던 황제의 "점령군"과 그 황제를 지지하는 귀족 계급 모두로부터 자유로워지고자 하였다. 이러한 상황이 결국 아씨시 내전을 촉발했고, 이 전쟁에 프란치스코가 참전했던 것으로 보인다. 귀족 계급과 황제의 군대는 이 전쟁에서 패하였고, 클라라와 클라라의 가족은 페루자로 달아났다. 이들은 그곳에서 몇 년 간 망명 생활을 하게 된다.

　클라라가 당시의 혼인 적령기인 십 대 후반에 이르렀을 때, 그녀는 가족이 선택한 남편 후보감을 모두 거절하였다. 클라라는 가난한 이들에게 나누어 줄 음식을 따로 떼어놓았고, 당시 근처에서 진행되던 성당 수리 작업에 큰 관심을 기울였다. 집에서는 늘 종교적인 주제에 관하여 이야기하였고, 그녀의 회개 생활은 경비원 조반니에게도 큰 인상을 남겼다.[15]

　클라라는 프란치스코와 그의 회개에 대해서도 익히 알고 있었다. 클라라의 집 근처에 있는 산 루피노 대성당에서 설교하던 프란치스코에 관해서 들을 수도 있었을 것이다. 그녀는 프란치스코와의 만남의 자리를 마련하기 시작하였고, 그럴 때마다 클라라의 친구 보나Bona가 동행하였다. 그러나 가족에게는 알리지 않았다. 클라라는 자

---

15 「클라라 시성 증언」, 20.

기가 찾고 있던 바를 프란치스코의 삶의 양식 안에서 보았음이 틀림없다. 1211년 혹은 1212년 성지 주일 저녁, 18세의 클라라는 동료와 함께 비밀리에 집을 떠나 포르치운쿨라Porziuncula의 천사들의 성 마리아라는 작은 성당으로 달려 내려갔다. 포르치운쿨라는 아씨시 시市의 나병 요양소 근교의 나무가 우거진 곳 안에 있었다.

그곳에서 프란치스코와 형제들은 클라라를 맞이하였다. 프란치스코 손수 클라라의 삭발례를 거행하였고, 클라라의 머리에 베일을 씌워 주었다. 베일은 교회의 보호 아래 회개의 삶에 투신한다는 표지였다. 그러나 프란치스코가 행한 이 예식은 이상한 종류의 것이었다고 말할 수 있겠다. 왜냐하면, 이때 클라라는 일종의 수도 축성생활로 받아졌는데, 그녀를 받아들인 남성인 프란치스코는 어떤 공식적인 권위도 지니지 않은 사람이었기 때문이다. 또한, 클라라는 당시까지 남성들만을 구성원으로 삼던 운동에 받아들여진 것이었다.

그날 저녁, 프란치스코와 몇몇 형제들은 클라라를 근처의 베네딕도 수녀회로 데려다주었다. 이 수녀원은 산 파올로 바데쎄San Paolo Badesse라고 불리는 곳으로 교황의 직접적인 보호 아래 있었다. 이러한 형제들의 행위는 현명한 결정이었는데, 「클라라 전기」에 의하면 다음 날 클라라의 삼촌들이 분노하여 찾아와 클라라를 끌어내려 했기 때문이었다.[16] 이들은 클라라가 삭발한 머리(교회의 보호 아래 있다는 표지)를 드러내며 수녀원 성당의 제대보를 잡고 버티자 자신들의 행동

---

16 「클라라 전기」, 9.

을 중단할 수밖에 없었다. 클라라는 산 파올로 수녀원장들이 빈틈없이 지켜오던 피난처로서의 오랜 권리에 보호를 요청하였던 것이다. 클라라의 친척들은 클라라를 떠나갔고, 며칠 후 그녀는 아씨시 위쪽 언덕에 위치한 판조Panzo의 성 안젤로에 있는 여성 회개자들의 공동체로 거처를 옮겼다. 이 여성 회개자들은 비쪼케bizzoche 혹은 베긴Beghine이라고 불렸다.

성 안젤로 공동체에서 얼마간의 시간이 지난 후 클라라의 동생 아녜스가 합류하였고, 이때 친척들과의 또 다른 대치가 발생하였다. 이후 클라라와 아녜스는 새로운 거처로 다시 옮겨갔다. 이들은 프란치스코의 도움으로 산 다미아노 성당에 작은 거처를 가지게 되었다. 산 다미아노는 프란치스코가 지난 몇 년간 수리해 온 곳이었다. 여기서 다시 한번 프란치스코와 클라라의 행동은 어리둥절해 보인다. 프란치스코가 산 다미아노 성당을 수리하기는 했지만, 그 성당은 프란치스코가 임의로 누군가에게 줄 수 있는 것이 아닌 주교의 재산이었기 때문이다. 여기서 클라라와 아녜스는 아씨시의 다른 자매들을 맞아들였고, 마침내 그 숫자가 50여 명에 이르게 되었다. 클라라는 1253년 8월 11일 귀천할 때까지 이곳 산 다미아노에서 40여 년간을 살았다. 1255년, 교황 알렉산더 4세가 클라라를 시성하였다.

프란치스코와 프란치스칸 영성

프란치스칸 영성을 이해하기 위해서는 아씨시의 "가난뱅이 (Poverello)"라고 불렸던 프란치스코의 영성에서 시작해야만 한다. 그렇게 시작하기 위해서 우리는 다시 한번 마셜 레크의 견해를 활용할 수 있겠다.

> 아씨시의 가난뱅이의 삶은 다른 몇몇 성인들의 삶보다 더 활기차고 더 평화롭게 보인다. 그러나 사실 프란치스코는 희생에 과도하고 사랑에 과도한 성인이었다. 그리고 그가 중도를 고수한 것 역시 그의 과도함에 기인한다. 왜냐하면, 마치 눈금자가 양쪽으로 더 길수록 더 나은 평형 상태를 보장하듯이, 절제에 대한 그의 무시 역시 양 방향 모두에 효과가 있기 때문이었다.
>
> 프란치스코는 과도함의 성인이다. 그러나 또한 미소의 성인이기도 하였는데, 이는 그가 언제나 그 양쪽을 융합시켰기 때문이었다. 프란치스코에게 있어서 회개는 사랑이었고, 슬픔은 "완전한 기쁨"이었다. 이 기준을 활용한다면 어리석음이 곧 지혜이고 과장됨이 곧 최고의 중용이다.[17]

프란치스칸 전통의 시작과 그 영속적인 토대를 이해하기 위해서

---

17 Martial Lekeux OFM, 『Short-Cut to Divine Love』, tr. Paul J. Oligny OFM, Chicago, Franciscan Herald Press, 1962, 6.

는 이 "과장된" 성인에 대한 어느 정도의 이해가 필요하다. 그러나 프란치스칸 전통을 이해한다는 것은 프란치스코를 이해하는 데에서 끝나지 않는다. 프란치스코만 파악하는 것에서 끝난다면 우리는 하나의 "전통"이 아니라 한 개인의 영성만을 알게 될 뿐이다. 영어로 전통은 Tradition으로, 라틴어에 어원을 두고 있고 "전달하다"라는 뜻을 지닌다. 따라서 프란치스칸 전통이라는 문구는 그 자체로 사람들이 프란치스코로부터 무엇인가를 받았음을 가리킨다. 그렇다면 사람들은 프란치스코로부터 무엇을 받았을까? 프란치스코의 동시대인, 친구, 동료, 형제, 자매들에게는 그것이 프란치스코라는 사람 자체를 깨닫는 체험이었을 것이다. 즉, 프란치스코 자신이 바로 메시지였다. 당대의 일반적인 표현으로 하자면, 프란치스코는 "말과 표양 (verbo et exemplo)"으로 가르쳤다.[18] 프란치스코의 가르침을 받은 이들의 증언에 의하면, 프란치스코는 그 자신이 가르치는 바에 대한 살아있는 모범이었다. 이에 관하여 첼라노는 다음과 같이 기록한다. "그는 청중들을 말보다도 표양으로 감화시켰고, 전신이 혀로 변하여 말하였다", "기도하는 사람이라기보다는 스스로가 곧 기도였던…."[19] 다시 말해서 프란치스코의 전체 인격이 자기가 전달하고자 했던 메시지가 되었던 것이다.

---

18 이에 관해서는 다음을 보라: Carolyn Walker Bynum, 『Docere verbo et exemplo: An Aspect of Twelfth-Century Spirituality』, Missoula, Mont, Scholars Press, 1979.
19 『1첼라노』, 97; 『2첼라노』, 95.

그렇다면 그 메시지는 무엇이었을까? 한마디로 말한다면 그것은 바로 예수였다. 이를 이렇게 단순하게 표현하는 것은 오늘날 우리에게는 지극히 평범하거나 독실하거나 혹은 예스러워 보일지도 모른다. 그러나 프란치스코에게 "우리 주 예수 그리스도"를 발견하는 일은 회개 후 20여 년의 생애 동안 끊임없이 지속한 계시였다. 회개 초기의 프란치스코는 예수를 자신을 나환자에게 이끈 이로, 나환자들의 존재를 '쓴맛'에서 '단맛'으로 변하게 만들어준 이로 발견하였고, 곧이어 하느님 나라를 선포하는 회개 설교가로 이해하였다. 이후 수년간 프란치스코는 예수를 베들레헴에서 육화한 하느님의 아들로, 또한 갈바리아의 수난 받는 종으로 더 분명하게 체험하였다. 마지막으로 예수는 죽음 이후 영광 속에 들어 올려진 모든 것의 "주님"으로 이해되었다. 프란치스코는 이 영광된 아들이신 주님을 통하여 삼위일체 하느님을 이해하였다.

프란치스코가 마리아, 교회, 성경, 사제직, 가난한 이들, 형제들, 자매들, 모든 피조물을 이해한 것 역시 "주 예수 그리스도"를 통해서였다. 프란치스코가 자기 자신을 이해한 것도 궁극적으로 바로 예수 안에서, 그리고 예수를 통해서였다. 프란치스코는 예수를 언급할 때 "그리스도"라는 단어를 자주 사용하지는 않는다. 그러나 프란치스코의 영성과 이후 이어지는 프란치스칸 전통은 "그리스도 중심적"이라는 단어로 특징지어진다.

프란치스칸 신학과 영성을 완벽하게 제대로 보여주는 한 단어가 있

다면, 그것은 "그리스도 중심적"이라는 단어이다. 프란치스칸 신학과 영성은 "그리스도 중심적"인 요소를 특징으로 가지고 있는데, 이는 성 프란치스코의 신앙과 거룩함이 전적으로 그리스도에 집중되어 있기 때문이다. 이 세상 전체와 각 부분이 하느님께 무엇을 의미하는지는 예수 그리스도 안에서 계시되었다.[20]

클라라와 프란치스칸 영성

프란치스칸 영성의 보존가와 형성가 중 가장 중요한 사람은 아씨시의 클라라이다. 클라라는 자신을 프란치스코의 "작은 나무(plantacula)"로 묘사한다. 클라라의 글을 읽는 독자들은 이 표현 때문에 클라라를 일종의 열등한 존재로 이해하곤 하였다. 그러나 클라라 스스로 붙인 "프란치스코의 작은 나무"라는 이름은 다른 무엇을 가리킨다고 하겠다. 클라라는 프란치스코를 통하여 받은 하느님의 선물인 "삶의 양식"을 프란치스코와 공유하면서 복음이라는 같은 토양에 뿌리내렸기에 프란치스코와 연결되어 있지만, 여전히 독립적이다. 클라라가 "우리 주 예수 그리스도의 발자취를 따름"에 대하여 상세한 지식을 표현하는 방법은 전적으로 클라라 고유의 것이라 하겠다.

---

20 Eric Doyle, 「St Francis of Assisi and the Christocentric Character of Franciscan Life and Doctrine」, 『Franciscan Christology』, ed., Damian McElrath, St Bonaventure, NY, Franciscan Institute Publications, 1980, 2.

클라라와 프란치스코를 일치시킨 것은 그리스도에 대한 동일한 체험이 아니라 같은 그리스도에 대한 다른 체험이었다.

　최근 십여 년 동안, 아마도 프란치스칸 전통 안에서는 처음으로 프란치스칸 전통의 최초 해석자로서 클라라가 지니는 중요성이 인정되기 시작하였다. 클라라는 그녀 곁으로 모인 자매들의 공동체와 함께 프란치스칸 전통의 초기와 후대 세대 사이에서 그 전통을 전달하는 중요한 다리 역할을 하였다. 클라라는 프란치스코보다 거의 30여 년을 더 살았으므로(프란치스코와 클라라는 각각 1226년과 1253년에 세상을 떠났다), 프란치스칸 무리가 "창설되던 때"에 관한 클라라의 해석은 프란치스칸 전통, 즉 우리가 이제야 겨우 이해하기 시작한 그 프란치스칸 전통의 형성을 도왔을 것이다. 한 가지 예가 이 중요한 사실을 분명히 보여준다. 클라라가 귀천한 지 1년 후에 쓰인 클라라의 죽음에 관한 이야기에서 클라라의 임종 자리에 모인 이들에 관한 묘사가 우리의 이해를 돕는다. 그 자리에는 프란치스코의 전前 비서이자 초기 동료였던 레오 형제가 있었다. 또한, 다른 두 초기 동료이자 프란치스코의 친구였던 루피노와 안젤로 형제도 그 자리에 있었다. 오늘날 우리가 알고 있는 프란치스코의 생애에 관한 지식의 많은 부분은 일반적으로 이 세 명의 형제들을 원천으로 하고 있다고 믿어진다. 그리고 프란치스칸 전통에 관한 모든 초기 사료 중에서 프란치스코 사후 이 세 명의 형제들이 동시에 발견되는 곳은 오직 클라라의 곁에서뿐이다. 이 장면은 사료에서 묘사된 대로 역사적으로도 정확할 것으로 보인다(클라라의 임종 자리에 참석한 형제들은 「클라라 전기」가 발간되던 때에도 여전히 생존해 있었다). 그러나 여기서 더 중요한 점은 이 장면이 상징적으로 드러내는 바이다. 즉, 프란치스칸 전통이 다음 세대에 전달되는 과정에서 클라라가 그 전통의 중심에, 초기 동료들의 중심에 있다는 것이다. 바로 이런 이유로 오늘날 몇몇 프란치스칸 저자들은 "프란치스칸-클라리안Francis-Clarian" 전통이라는 표현을 쓰기 시작하였다. 클라라는 단순한 제자 이상이며, 그녀 자신이 살았던 프란치스칸 전통의 창조적인 설계가라고 할 수 있다.

성장과 발전

이어지는 세기에 프란치스코와 클라라가 확립한 프란치스칸 전통은 창설자들의 글과 삶의 귀감을 통하여 표현된 몇몇 위대한 주제를 생생하게 보전하였다. 그리고 이후에 살펴보겠지만, 다른 일부 주제는 등한시하기도 하였다. 창설자들의 진의에 대한 논쟁은 일종의 혼란을 일으켰고, 이 혼란은 프란치스칸 운동의 한가운데 있던 일부 사람들도 목격하였던 바였다. 그렇게 이 논쟁은 혼란을 프란치스칸 전통의 상징으로 만들며 개혁과 분열로 이어졌다.

> 가장 심각한 위기를 겪어온 수도회라면 단언컨대 성공한 무질서의 훌륭한 사례라고 할 수 있는 성 프란치스코의 수도회라고 말할 수 있다 … 인간적인 차원에서 볼 때, 이 수도회가 수많은 위기에서 성공적으로 빠져나온 것 만큼은 적어도 놀라운 활력의 징표로 인정되

어야 하겠다.[21]

가난에 대한 논쟁은 13세기 후반부터 14세기 초엽까지의 전체 프란치스칸 세계를 흔들어 놓았다. 다양한 개혁 운동들이 참으로 "영적인" 프란치스칸 초기 생활에 관한 각자의 전망을 옹호하였고, 이는 오늘날의 프란치스칸 어휘, 즉 꼰벤뚜알Conventual, 옵세르반테스(준수遵守 형제회, Observantes), 카푸친Capuchin, 리포르마티Riformati, 레콜렉티Recollecti, 기타 다수 무리의 이름에도 그 자국이 남아있는 분열로 이어졌다.

프란치스칸 전통은 13세기와 14세기에 위대한 신학자도 배출하였다. 이들 중 가장 중요한 사람이 바로 보나벤투라Bonaventura와 요한 둔스 스코투스John Duns Scotus이다. 이 전통은 또한 중세 움브리아의 폴리뇨의 안젤라(Angela of Foglino)부터 영국 청교도에서 개종한 17세기 프랑스의 캔필드의 베네(Benet of Canfield)에 이르기까지 훌륭하고도 다양한 신비가와 영성 작가를 배출하였다.

19세기 말엽, 1세기 넘게 지속된 박해와 탄압과 점진적인 붕괴 이후 프란치스칸 전통은 서서히 복원되기 시작하였다. 20세기 초반에는 커다란 프란치스칸 가족의 모든 구성원이 다시 한번 번창하기 시작하였다. 제2차 바티칸 공의회가 모든 수도회 가족들에게 창설자의

21　L. Moulin, 『Vita e governo degli Ordini religiosi』, Milan, Vita e pensiero, 1965, 36.

은사로 되돌아갈 것을 명하자, 프란치스칸 전통은 프란치스코와 클라라를 다시 발견하는 길지만 결실 있는 과정에 임하게 되었다. 사실 이 작업은 1800년대에 이미 시작된 것이었다. 최근 20여 년간 있어온 아씨시의 두 성인에 관한 폭발적인 관심이 없었더라면, 이 책과 같은 연구 역시 불가능했을 것이다.

프란치스칸 전통의 주제들

앞으로 전개될 장(章)은 육화, 가난의 삶, 나환자, 은둔소, 십자가, 피조물 등의 주제를 다루게 된다. 그 중요성에서 볼 때 프란치스칸 영성의 가장 첫 번째 주제는 육화하신 하느님이어야 한다. 이 주제는 그리스도교 영성에서 계속 등장한 주제였다. 그러나 프란치스코와 클라라가 특별히 강조한 이 육화라는 주제는 두 성인이 가난을 영적인 길로 끌어안게 된 데 직접 연관되어 있다.

가난 혹은 "소유 없는 삶"은 프란치스코와 클라라의 글과 삶에 뚜렷한 표지를 남겼다. 프란치스코와 클라라가 그리스도를 이해하는 데 있어 열쇠와도 같았던 가난은 또한 후대 프란치스칸들에게 분열의 원천이 되기도 하였다.

한센병 환자들은 프란치스코에게 인간 고통에 대한 체험을 형성케 하였다. 프란치스코는 그들을 통하여 그리스도의 고통을 생생하게 살아있는 육체적 언어로 체험하였다. 프란치스코 자신의 영성에서는 나환자들이 중요하게 여겨졌지만, 이후 프란치스칸 사료에서는 – 상당히 최근까지 – 나환자들의 존재가 점점 "사라져 갔다."

프란치스코는 은수처에서 생활하는 형제들을 위한 규칙을 작성한 바 있다. 은수처라는 이 외딴 장소는 여전히 오랜 프란치스칸 관상 전통을 상징한다. 개혁 운동의 각별한 옹호를 받았던 기도의 집들은 16세기 신비주의의 전성기에 중요한 작가들을 배출하였다.

고통, 죽음, 영광을 의미하는 십자가는 두 창설자가 지닌 애덕의 깊이를 완벽하게 드러낸다. "십자가 나무에 매달린 거울"에 대한 클라라의 생생한 묵상은 클라라만의 고유한 그리스도와의 신비적 일치에 대한 많은 것을 드러낸다. 눈에 보이는 오상을 몸에 지니고 그리스도의 고통을 육체적으로 "반영한" 프란치스코는 그러한 그리스도 수난과의 "일치"로 인하여 중세 시기의 유명한 성인이 되었다.

중세 이탈리아 종교 시문詩文의 유명한 걸작인 프란치스코의 「태양 형제의 노래」 혹은 「피조물의 노래」는 그리스도교 영성사에 새로운 장을 열었다. 이 노래에는 피조물과 자연, 세상과 정신을 산란하게 만드는 것이 아닌 하느님의 계시로서 껴안는 영성의 씨앗이 놓여 있다. 프란치스코에 대한 초기 전기 사료는 성인이 동물, 식물, 자연 요소와 가졌던 독특한 우정 혹은 연대의 관계를 가리킨다.

여기에 열거한 몇몇 주제가 프란치스칸 영성의 전체 영역을 다 다루지는 못한다. 바라건대, 이 주제들이 프란치스칸 영성의 일부 두드러진 특징을 제시하기를 희망한다. 앞으로 전개될 각 장은 프란치스코와 클라라 및 일부 후세대 프란치스칸들에게 나타나는 위 주제들의 의미를 다룰 예정이다. 결론에서는 이 "무질서"하고 활기찬 전통이 실제 삶에 적합한 영성에 굶주린 현대인들을 충족시키는 데 도움이 될 만한 몇 가지 방법을 제안할 것이다.

제2장
육화의 겸손

오늘을 살아가는 많은 이들은 "영성"에 관해서 그들이 듣고 읽은 바를 일상 체험에 연결할 방법을 모색하고 있다. 이들이 듣는 영적인 가르침은 대개 일상의 관심사와 관련이 없는 경우가 많다. 심지어 일종의 "영적인 상태"에 도달하기 위해서는 특정한 장소에서 생활하고, 특별한 기법을 이용하고, 일상적인 업무와 가족 부양 의무에 얽매이지 않도록 별도의 한가한 시간을 가질 필요가 있는 것처럼 보이기도 한다. 그러나 육화를 강조하는 프란치스칸 전통은 그와는 다른 하나의 대안적인 영적 전망을 제공할 수 있을 것이다. 이 영적 전망은 인간 생활의 일상사에 견고하게 뿌리박고 있다.

프란치스코와 클라라, 그리고 수 세기 동안 이어진 그들의 형제자매들에게 그리스도의 육화는 영감과 찬양의 영원한 원천이었다. 13세기의 평신도 회개자인 폴리뇨의 안젤라, 시인이자 정치가요 홀아비였던 토디의 자코포네(Jacopone da Todi), 신학자 바뇨레지오의 보나벤투라와 요한 둔스 스코투스 등이 저술한 육화에 관한 작품은 프란치스칸 전통이 그리스도의 육화 신비에 충실하도록 이끌었다.

선하신 하느님, 삼위일체, 모상

육화하신 하느님에 관해 이야기하기에 앞서 하느님이 누구인지에 관하여 어느 정도 일반적인 이해를 할 필요가 있다. 프란치스코는 종종 "하느님은 선이시다"라고 말하였는데, 우리는 이 구절에서 그가 육화에 관하여 이야기할 때 마음에 두었던 하느님에 관한 일부 개념을 취할 수 있겠다. 프란치스코는 이 개념을 동료 레오 형제에게 손수 작성하여 건네준 「지극히 높으신 하느님께 드리는 찬미」에서 다음과 같이 표현한다. "당신은 선이시고 모든 선이시며 으뜸선이시고…." 또한, 「시간경마다 바치는 찬미」에서도 다음과 같이 말한다. "모든 선이시고 으뜸선이시고 온전한 선이시며, 홀로 선하신 당신께", "충만한 선, 모든 선, 완전한 선, 참되시고 으뜸선이신 … 홀로 선하시고…."[22] 선, 선, 선… 하느님은 선이시다. 창조된 모든 것 또한 선하다. "평화와 선(Pax et Bonum)"이라는 문구는 오랜 기간 프란치스칸 인사말로 통용되었다. 그러나 이 문구는 단순한 인사말 그 이상으로서, 하느님과 함께 있음을 묘사하는 문구이다.

프란치스코는 또한 선하신 하느님을 삼위일체 하느님이라고 말

---

22 「하느님 찬미」; 「시간경 찬미」; 「비인준 규칙」 23.

한다. 이 삼위일체 하느님은 창조주이시고 구세주이시며 구원자시고, 지극히 높으신 아버지와 사랑받는 아들이자 지극히 거룩하신 파라클리토 성령이시다. 이 세 위격의 중심에서 말씀이신 하느님이 이 세상으로 파견되셨다.

> 전능하시고 지극히 거룩하시며 지극히 높으시고 지존하신 하느님, 거룩하시고 의로우신 아버지, 하늘과 땅의 임금이신 주님, 당신의 거룩한 뜻에 따라 그리고 당신의 외아드님을 통하여 성령과 함께 모든 영신적인 것과 육신적인 것을 창조하셨으며…[23]

모든 피조물은 아드님을 통하여 "지극히 높으신" 하느님으로부터 비롯된다. 여기에서 이미 피조물과 성자 하느님과의 밀접한 관계가 드러난다. 모든 영신적이고 물질적인 피조물들은 이 아드님을 통하여 존재하고, 아드님은 피조물 중의 피조물, 즉 나자렛의 예수로서 이 세상에 왔다.

하느님의 유일한 아들은 가난한 아이로서 인간이 되었고 어떤 재산이나 지위 없이 드러나지 않게 살았다. 프란치스코는 이 육화 사건 안에서 어떤 것도 고수하지 않는, 심지어 당신의 천상 지위마저도 고수하지 않는 하느님의 너그러움을 알아보게 되었다. 아드님은

---

23 「비인준 규칙」, 23,1.

한 인간으로 오시면서 당신의 높은 지위를 포기하였고, 인간의 한계, 고통, 노동, 심지어 죽음까지도 사랑으로 껴안았다. 예수의 생애는 하느님의 생명을 표현하는 영화 혹은 움직이는 사진과도 같았다. 프란치스코는 이를 묘사하기 위하여 「권고들」 1에서 다음과 같이 요한 복음(14,6-9)의 말씀을 인용한다. "필립보야 … 나를 본 사람은 곧 내 아버지를 본 것이다."[24] 프란치스코는 예수를 바라봄 안에서, 피조물 안에서도 하느님 "보기"를 행하고자 노력하였다.

프란치스코는 예수를 유심히 바라보며 하느님의 모상이 되는 것이 무엇을 의미하는지를 깨달았고, 그래서 자기 자신이 된다는 것이 무엇을 의미하는지도 알게 되었다. 왜냐하면, 프란치스코 자신도 하느님의 모상이기 때문이었다. 프란치스코는 이 깨달음을 다음의 「권고」에 요약한다.

> 오 사람이여, 주 하느님께서 육신으로는 사랑하시는 당신 아들의 모습대로, 그리고 영으로는 당신과 비슷하게 그대를 창조하시고 지어 내셨으니, 주 하느님께서 그대를 얼마나 높이셨는지 깊이 생각해 보십시오.[25]

다시 말해서 전체 인간(육신과 영)은 "사랑받는 아드님"의 모상과

---

24 「권고」 1,4.
25 「권고」 5,1.

유사함을 드러낸다. 프란치스코는 예수를 바라봄 안에서 하느님을 알아가며 자기 자신도 알게 되었다. 바꾸어 말하면, 프란치스코는 자기 자신을 알아가는 가운데 예수를 보게 되었고, 따라서 하느님을 알게 되었다.

그러나 이러한 자각은 자기 성찰적인 자기 인식을 한참 뛰어넘는 것이다. 형제, 자매, 이웃 등 "다른" 이들도 아드님의 모상성을 드러낸다. 나중에 살펴보겠지만 "형제자매들"은 사람일 수도 있고, 천체天體일 수도 있으며, 꽃이나 풀, 혹은 우주의 4대 원소일 수도 있다.

프란치스코는 작은 형제들의 「인준받지 않은 수도규칙」에서도 이와 비슷한 맥락을 서술한다.

> 전능하시고 지극히 거룩하시며 지극히 높으시고 지존하신 하느님, "거룩하시고" 의로우신 "아버지"(요한 17,11), "하늘과 땅의 임금이신 주님"(마태 11,25), 당신의 거룩한 뜻에 따라 그리고 당신의 외아드님을 통하여 성령과 함께 모든 영신적인 것과 육신적인 것을 창조하셨으며, "당신의 모습대로 그리고 비슷하게" 만드신 저희를 "낙원에 두셨으니"(창세 1,26; 2,15), 바로 당신 자신 때문에 당신께 감사드리나이다. 그런데 저희는 저희의 탓으로 추락했나이다. 또한, 당신 아드님을 통하여 저희를 창조하신 것같이, 저희를 "사랑하신" 참되고 거룩한 당신 "사랑"(요한 17,26) 때문에 참 하느님이시며 참 사람이신 그분을 영화로우시고 평생 동정이신 지극히 복되시고 거룩하신 마리아에게서 태어나게 하셨으며, 또한 포로가 된

저희를 그분의 십자가와 피와 죽음을 통하여 구속하기를 원하셨으니, 당신께 감사드리나이다.[26]

윗글은 선하신 하느님과 삼위일체, 그리고 모든 '영신적이고 육신적인' 것들의 이미지인 성자 하느님을 이야기하고 있고, 프란치스코의 육화, 구속, 창조에 관한 전망도 요약되어 있다. 프란치스칸 학자 고(故) 에릭 도일Eric Doyle은 한 분이신 아드님을 통하여 창조된 모든 피조물을 묵상하면서 아름다운 글을 작성하였는데, 그 글은 여기에 전문을 그대로 옮겨도 될 만큼의 가치가 있다고 생각한다. 아래에 소개하는 에릭 도일의 글은 프란치스코의 그리스도 중심주의가 세기를 거쳐 어떻게 프란치스칸 전통 안에 그 흔적을 남겼는지를 설명하는 간결한 진술이라 할 수 있다.

> 프란치스코는 예수 그리스도의 인성에 대한 열성적인 사랑을 통하여 하늘과 땅의 모든 것이 그리스도를 통하여 하느님과 화해하게 되었음을 이해하였다(「형제회 편지」). 프란치스코는 하느님께서 우리에게 주신 품위를 깨닫도록 우리 모두를 일깨운다. 하느님께서 만드신 우리의 몸은 당신 아드님 모습대로 지어졌고, 우리의 영은 당신과 비슷하게 만들어졌다(「권고」 5). 이러한 성찰은 성 프란

---

26 「비인준 규칙」, 23,1-3.

치스코의 글에서 가장 심원하고 원대한 것이라 할 수 있다. 왜냐하면, 이 성찰에서 프란치스코는 첫 번째 아담이 두 번째 아담이신 예수 그리스도의 모습대로 만들어졌다고 단언함이 분명하기 때문이다. 육화하신 말씀이신 예수 그리스도의 몸은 첫 번째 인간들의 몸의 청사진(blueprint)이었다. 성 프란치스코의 시기가 조금 지난 때, 형제회의 박식한 학자 헤일스의 알렉산더(Alexander of Hales)는 하느님의 모상, 즉 인간이 그분의 유사함으로 창조된 그 하느님의 모상이 모든 피조물의 맏이이신 구세주라고 설명하였다 ⋯ 여기서 인용한 프란치스코의 문장들은 그 단순함과 명확함으로 풍부한 신학적 내용을 담고 있다. 여기에 담긴 싹은 프란치스칸 학파의 그리스도 중심적인 전망이고, 나아가 요한 둔스 스코투스가 진술하고 설명하였던 그리스도의 절대적 우선성에 관한 가르침이다.[27]

프란치스코의 그리스도 중심적 전망이 후대 프란치스칸들 안에서 어떻게 발전되는지에 관한 더 자세한 사항은 이후에 살펴볼 기회가 있을 것이다. 지금은 육화에 관한 프란치스코의 글에서 시선을 옮겨, 단순한 무대 소품 몇 개를 통해서 육화의 위대함에 외적으로 몰입된

---

27   McElrath (ed.), 『Franciscan Christology』, 7. 여기서 서술되는 프란치스코의 「형제회에 보낸 편지」의 문구(12-13)는 다음과 같다: "지극히 거룩하신 몸과 피⋯ 그분 안에서 하늘과 땅에 있는 만물이 전능하신 하느님과 평화롭게 되었고, 화해하게 되었습니다(참조: 콜로 1,20)."

상태를 표현하였던 프란치스코의 몸짓을 살펴보도록 하겠다.

그렉치오 성탄

1223년 성탄절을 맞이하기 2주 전, 프란치스코는 아씨시 남쪽에 있는 그렉치오라는 마을 산비탈의 작은 은수처에 기거하고 있었다. 프란치스코의 동료 토마스 첼라노는 프란치스코가 조반니(요한)라는 친구에게 다가올 성탄 축제의 특별한 준비를 도와줄 것을 청하였다고 기록한다. 프란치스코는 그에게 동물과 건초를 은수처의 동굴로 가져와 달라고 하였다. 그렇게 프란치스코의 형제들과 그렉치오 마을 주민들에게 예수 탄생의 물리적인 상황을 보여줄 수 있도록 준비하였다.

프란치스코는 하느님의 아들이 소와 당나귀, 지푸라기와 추위에 둘러싸인 마구간에서 태어난다는 것이 어떠한 모습인지를 사람들이 체험할 수 있기를 바랐다. 프란치스코의 형제들과 그렉치오의 주민들은 성탄 전야에 횃불로 밤을 밝히고 찬가를 부르며 은수처의 동굴로 모여들었다. 거기서 사제는 구유 위에 마련된 제대에서 미사를 봉헌하였다. 프란치스코는 "부제복을 차려입고", 복음을 "낭랑한 목소리로 노래하였다." 그리고 감정에 북받쳐 설교하였다. 토마스 첼라노는 사람들의 마음에서 오랫동안 잊혔던 아기 예수가 그날 밤 다시 되살아 난 것과 같다고 묘사한다. 그리고 주변 산비탈의 나무와

돌 등 모든 피조물에 사람들의 찬가가 울려 퍼졌다.[28]

성탄에 관한 이 단순한 장면은 이후 몇 세기 동안 아씨시에서 전 세계로 퍼져나가면서 바로 그 프란치스칸들에 의해서 전 세계로 전파되었다. 이제 성탄 구유는 전 세계에서 행해지는 성탄 예식의 친숙한 특색이 되었다. 이후 성탄 구유는 상업화에 시달리며 때로는 그 중요성이 감상적인 것으로 변질되기도 하였지만, 그 근원에서 볼 때 성탄 구유는 가난한 이들의 일상적인 삶, 짚과 바위 등의 피조물의 세계에 하느님께서 들어오심을 확인하는 탁월한 방법이었다.

성탄, 성찬례, 동정녀 마리아

그리스도의 탄생 축제가 프란치스코에게 깊이 새겨넣은 감동은 성탄의 단순성, 겸손, 가난이었다. 하느님이 누구인지에 대한 프란치스코의 사상은 여러모로 성탄을 통하여 형성되었다. 토마스 첼라노 형제도 "육화의 겸손"에 대한 프란치스코의 심원한 이해를 이야기한 바 있다.[29] 이에 관하여 프란치스코도 직접 다음과 같이 말한다.

하늘에 계신 지극히 높으신 아버지께서는 당신의 거룩한 가브리엘

---

28 『1첼라노』, 84-86.
29 『1첼라노』, 84.

> 천사를 시켜 아버지의 이토록 합당하고 거룩하고 영광스러운 이 말씀이 거룩하고 영화로운 동정녀 마리아의 태중에 계심을 알리셨습니다. 그리하여 그 말씀은 마리아의 태중으로부터 우리의 인간성과 연약성의 실제 육(肉)을 받으셨습니다. 그분은 누구보다도 "부유하시면서도"(2코린 8,9) 당신의 어머니이신 지극히 복되신 동정녀와 같이 이 세상에서 몸소 가난을 택하기를 원하셨습니다.[30]

그렉치오의 성탄 전야 예식이 묘사하는 바는 바로 선택이다. 거룩한 말씀이 마리아와 함께 당신 삶의 양식으로 가난을 자발적으로 선택하였다. 이 선택의 극(劇)은 그 극의 여러 설정, 즉 성읍 바깥 비탈에서 짐승과 타인의 온기만을 취하는 헐벗음과 추위라는 설정을 통해서 재현되었다. 토마스 첼라노는 프란치스코가 그렉치오의 주민들과 프란치스코의 형제들이 복음이 전하는 예수의 탄생 상황과 "아기가 겪은 그 불편함"을 직접 목격하기를 바랐다고 기록한다. "그곳에서는 단순함이 추앙을 받았고, 가난이 높여졌으며, 겸허가 찬양되었다. 그렉치오는 새 베들레헴으로 꾸며졌다."[31]

프란치스코에게 단순함, 가난, 겸손이라는 3화음은 그가 따르고자 했던 예수의 삶 전체의 전형적인 특징이었다. 이 3화음은 성찬례를 특징짓는 것이기도 하였다. 이는 비단 그렉치오 동굴의 구유에서

---

30 「2신자 편지」, 4-5.
31 『1첼라노』, 84, 85.

거행된 성찬례뿐만 아니라 모든 성찬례에 그러했다. 프란치스코는 미사가 거행되는 모든 때에 육화의 선택이 다시 확인되는 것을 보았다. 프란치스코는 그렉치오의 성탄 축제 1년 후인 1224년경에 작성된 것으로 보이는 모든 형제에게 보낸 편지에서 다음과 같이 말한다.

> 오, 탄복하올 높음이며 경이로운 공손함이여!
> 오, 극치의 겸손이여 오, 겸손의 극치여!
> 우주의 주인이시며 하느님이시고 하느님의 아들이신 분이
> 이토록 겸손하시어
> 우리의 구원을 위해서 하찮은 빵의 형상 안에 당신을 숨기시다니!
> 형제들이여, 하느님의 겸손을 보십시오.
> 그리고 그분 앞에 여러분의 마음을 쏟으십시오.
> 그분이 여러분을 높여 주시도록 여러분도 겸손해지십시오.[32]

프란치스코는 형제들에게 성찬례에 참석할 때마다 겸손과 가난의 선택인 육화의 장면을 바라보라고 권고한다. "하찮은 형상", 즉 그 자체로는 평범하기 그지없는 빵이 바로 하느님의 아들이 "당신을 숨기시는 장소"이다. 프란치스코는 이 같은 묵상을 이어가며 "하느

---

32 「형제회 편지」, 27-28.

님의 겸손"이라는 유한함 안에 담긴 무한함의 역동을 보았다. 이 겸손은 공경받기만 할 겸손이 아니라 몸소 따라야 할 겸손이었다. 따라서 "겸손해지십시오"라는 말은 곧 "하느님과 비슷해지십시오"라는 말과 같은 것이다.

프란치스코는 마리아를 "교회가 되신 동정녀(virgo ecclesia facta)"[33]라고 칭한다. 예수처럼 마리아도 가난하였다. "그분은 누구보다도 부유하시면서도 당신의 어머니이신 지극히 복되신 동정녀와 같이 이 세상에서 몸소 가난을 택하시기를 원하셨습니다."[34] 프란치스코는 형제들에게 필요하면 집집마다 동냥하러 다니는 것을 부끄러워하지 말 것을 권고하면서, 겸손과 가난의 모범으로 예수의 모습과 함께 마리아의 모습에도 호소한다. "또한, 주님 자신도 복되신 동정녀도 제자들도 가난하셨고 나그네이셨으며 동냥으로 사셨습니다."[35] 예수가 태어난 가난이라는 맥락은 마리아의 삶과 예수를 따르는 제자들의 삶의 맥락과도 같은 것이었다. 그것은 단순한 우연이 아니라 큰 기쁨으로 이어질 삶의 길을 껴안음, 즉 자유로운 선택이었다.

프란치스코는 성탄 축제, 성찬례의 거행, 그리고 마리아의 모범을 통하여 예수 안에서 계시된 하느님의 가난과 겸손으로 향하게 되었다. 하느님 아들의 "인간 되심"과 "물질 되심"이라는 육화가 프란치

---

33 「동정녀 인사」, 1.
34 「2신자 편지」, 5.
35 「비인준 규칙」, 9, 5.

스칸 유파 안에서 한 단어로 요약될 수 있다면, 그 단어는 바로 "가난"일 것이다.

보나벤투라

바뇨레지오의 보나벤투라(+ 1274)는 작은 형제, 학자, 외교관, 주교, 추기경이었고, 또한 작은 형제들의 제7대 총봉사자로서 프란치스코의 후계자이기도 하였다. 활기찬 지식인, 입법가, 조직가였던 보나벤투라는 프란치스코에 대한 자신의 지식에서 기인한 통찰을 그 누구보다도 조직적인 형태로 표현하였다. 프란치스코가 세상을 떠나기 몇 년 전에 이탈리아에서 태어난 보나벤투라는 파리 대학 학생 시절인 1243년에 형제회에 합류하였고, 독서, 전례, 구전 등을 통하여 창설자의 삶과 말씀을 익혔다. 보나벤투라는 프란치스코를 개인적으로 알지 못했던 "새로운 세대"에 속한 프란치스칸이었다(프란치스코가 세상을 떠났을 때, 보나벤투라는 겨우 아홉 살이었다). 또한, 보나벤투라가 파리 대학에서 학업을 마칠 무렵인 1253년에 클라라가 세상을 떠났다. 1257년, 보나벤투라가 형제회의 총봉사자로 선출되었을 당시 프란치스코의 초기 동료 중 일부, 즉 안젤로(+ 1258), 에지디오(+ 1262), 루피노(+ 1271), 레오(+ 1271) 형제 등은 생존해 있었다. 보나벤투라는 프란치스코의 통찰을 후세대 형제들에게 전해 준 "다리"와도 같은 역할을 하였다(클라라에 관해서는 거의 언급하지 않는다). 그런 점에서 보나벤투라는 믿음과 행동을 하나의 같은 본체로 여기는 "프란치스칸 영성 유파"의 위대한 창시자 중 하나로 여겨질 수 있겠다.

보나벤투라의 육화에 대한 이해를 명확히 보여주는 훌륭한 사료는 파리 대학에서 교수로 재직할 당시 대학 공동체에 주었던 성탄 설교일 것이다. 여기서 보나벤투라는 "말씀이 사람이 되셨다"(요한 1,14)라는 말씀으로 설교를 시작하고, 곧바로 이 육화의 선포를 프란치스코가 소중하게 여겼던 하나의 주제와 동일시한다.

> 이 말은 그 천상적 신비를 표명합니다. 그리고 저 감탄할 만한 성사, 즉 영원하신 하느님께서 친히 겸손하게 몸을 구부리시어 우리 본성의 비천한 상태를 당신 자신의 위격에로 들어 높이신 일에 존재하는 그 무한한 사랑의 최고 업적인 저 감탄할 만한 성사를 표명합니다.[36]

프란치스코와 클라라에서 나타나는 것처럼, "겸손하게 몸을 구부리시어"라는 문구는 겸손의 표현으로서의 육화에 대한 프란치스칸의 강조를 환기한다. 보나벤투라는 필리피 신자들에게 보낸 서간의 위대한 찬가("당신 자신을 비우시어", "당신 자신을 낮추시어")를 묵상하면서, "우리는 육이 되신 이 말씀 안에서 당신 자신을 낮추시는 분의 칭송

---

36   Bonaventure, 「Sermon II on the Nativity of the Lord」, 『What Manner of Man? Sermons on Christ by St Bonaventure』, tr. Zachary Hayes OFM, Chicago, Franciscan Herald Press, 1974, 57.

받는 본성을 드러내는 자기 비움을 발견한다"라고 말한다.[37]

보나벤투라는 『하느님께 나아가는 정신의 여정』이라는 걸작을 통하여 그리스도의 몸을 그리스도교 신비주의의 중요한 사변적 질문에 대한 해답으로 제시하며 육화의 또 다른 측면을 전개한다. 이에 따르면 관상가는 자기의 정신 그 자체마저도 "지나가면서" 그리스도, 특히 십자가 위의 그리스도를 보게 된다. 이 그리스도는 그리스도교 종교 체험의 서로 상반되는 측면들(창조주와 피조물, 무한과 유한, 신성과 인성)을 조화시키며 그 교착 상태를 빠져나오는 "길이요 문", "사다리요 수레"로서 제시된다.[38] 즉, 하느님 자신의 행위가 육화를 통하여 이론적으로는 혼란스럽게 남아있던 문제들을 해결한 것이다.

이 육화라는 놀라운 사건은 피조물이라는 당신의 업적을 완성하고 치유한다. "실로 나는 하느님께서 당신의 창조되지 않은 말씀을 통하여 모든 것을 창조하셨고, 육화된 말씀을 통하여 모든 것을 재창조하셨다고 말하고자 한다."[39] 창조되지 않은 말씀이 태초에 인간을 창조하였고, 육화된 말씀이 그들을 구원하였다.[40] 창조와 구원은 모두 말씀이신 하느님께 그 뿌리를 두고 있다. 그렇게 창조와 구원은 두 개의 동떨어진 실재가 아니라, 창조주이시자 구세주이신 분,

---

37　Bonaventure, 「Sermon II on the Nativity of the Lord」, 72.
38　Bonaventure, 「The Soul's Journey into God」, 『Bonaventure』, tr. Ewert Cousins, New York, Paulist Press, 1978, 111.
39　Bonaventure, 「The Soul's Journey into God」, 62.
40　Bonaventure, 「The Soul's Journey into God」, 73.

즉 우리를 위한 사랑으로 육이 되신 영원한 말씀 하느님의 업적인 것이다.

폴리뇨의 안젤라

초기 프란치스칸 운동은 프란치스코와 형제들, 클라라와 자매들뿐만 아니라 복음적 생활의 비슷한 형태를 따르는 다른 남녀를 포함하고 있었다. 이들은 회개의 형제자매들로서 나중에는 "3회"라 불리게 되었고, 오늘날에는 "재속 프란치스코회"라는 이름으로 알려져 있다. 이 평신도 회개자들의 무리는 기혼자이거나 독신자이거나, 자기 집에서 생활하거나 작은 공동체를 이루거나, 혹은 은둔 생활을 하거나, 모두 프란치스칸 영성에 그들만의 독특한 이바지를 해왔다.

폴리뇨의 안젤라(+ 1309)는 회개자들의 형제회 초기 구성원 중 하나로서 자신의 종교적인 체험에 관한 글을 풍부한 유산으로 남겼다. 안젤라는 아씨시 남부의 주요 성읍인 폴리뇨의 부유한 귀족 가문의 일원이었다. 그녀는 자신의 초기 생애를 허영과 죄로 가득 찬 삶으로 묘사한다. 안젤라는 또한 기혼자로서(남편의 이름에 관해서는 알려진 바가 없다) 적어도 두 명의 자녀를 두었다. 생애 초기에도 그리스도교 신자이긴 했지만, 훗날 안젤라는 초기 신자 시절을 얕고 인위적인 신앙이었다고 묘사하였다. 그녀는 40대 초반에 이르러 심원한 신앙적 회개의 삶을 살아갔다. 이 기간 안젤라는 성 프란치스코의 성화聖畵에 강렬한 영향을 받았다. 프란치스코는 안젤라가 태어나기 몇 년 전에 세상을 떠났다. 남편과 사별한 지 얼마 되지 않아 자식들마저 세상을 등지게 되었고, 이후 안젤라는 더 집중적으로 신앙 추구에 몰두하였다. 프란치스코와 클라라를 움직였던 바로 그 복음의 명령에 따라 안젤라 역시 많은 재산을 팔기 시작하였고, 그 수익을 가난한 이들에게 나누어 주었다. 안젤라는 환자들, 주로 나환자들을 돌보았고, 신실한 친구 및 동료들과 함께 그녀의 고향에서 회개와 기도의 삶을 껴안았다.

안젤라는 『회상록(Memorial)』[41]이라고 알려진 영적 자서전에서 자신의 영적 지도자에게 그녀의 영적 여정의 단계를 상술하였다. 또한, 『회상록』의 자매 편인 『가르침(Instruction)』이라는 책에서는 그녀를 따르는 제자들의 무리(여기에는 작은 형제들도 포함되어 있다)에게 그리스도인 생활의 다양한 측면, 특히 기도와 관련한 가르침을 전한다. 이 제자들의 무리에 대한 안젤라의 깊은 영향으로 훗날 안젤라는 "신학자들의 스승(magistra theologorum)"이라는 칭호를 얻게 되었다.

안젤라의 『회상록』은 육화의 신비에 대한 묵상이라는 프란치스칸 전통에 더하여, 프란치스칸 유파가 소중히 여기던 그 육화라는 주제에 대한 개인적인 동화同化를 생생하게 묘사하는 이야기를 전한다.

> 어느 날 나는 육화하신 하느님 말씀의 가난에 대한 묵상을 하고 있었다. 나는 그분의 가난을 보았고 - 그 가난의 위대함은 그분께서 내

---

[41] 이에 관해서는 다음을 보라: Paul Lachance (tr. and ed.), 『Angela of Foligno』, New York, Paulist Press, 1993.

가 그것을 보기를 바랄 정도로 내 마음에 생생하게 드러났다 - 그 사람들, 곧 하느님께서 그들을 위하여 당신 자신을 가난하게 만드신 그 사람들을 보았다. … 하느님께서는 당신의 가난을 훨씬 더 구체적으로 보여주셨다. 그리고 나는 동료도 친척도 변변치 못한 그분을 보았다. 심지어 나는 그분 자신도 가난하시며, 자기 자신을 돌보지 못할 정도로 나약해 보이는 가난하신 그분을 보았다. 이러면 우리는 흔히 신적 권능이 겸손으로 가려져 있다고 말하곤 한다. 그러나 사람들이 그렇게 이야기한다 하여도, 나는 이 경우에 하느님의 겸손함이 숨겨져 있지 않다고 말한다. 왜냐하면, 하느님 당신께서 친히 나에게 그렇지 않다고 가르쳐 주셨기 때문이다. 이러한 하느님 아드님의 가난에 대한 환시로부터 나는 이전보다 더 큰 고통을 체험하고 느꼈다. 왜냐하면, 그 환시 안에서 나는 내 자부심이 더는 불가능하다는 것을 깨달았기 때문이었다.[42]

『회상록』에서 안젤라는 이러한 육화와 가난의 관련성에로 되돌아온다. 육화와 가난의 관계는 프란치스코와 클라라의 글에도 명확하게 서술되어 있다. 안젤라의 체험을 기록한 'A' 형제는 그녀의 하느님과의 잦은 대화를 기록하면서 다음의 이야기를 전한다.

또한, 그리스도의 충실한 사람은 하느님께서 그녀에게 말씀하셨고,

---

42   Lachance, 179-180.

가난이 고귀한 가르침이자 우리의 이해를 완전히 초월하는 위대한 선이라는 말씀을 하느님에게서 들었다고 말하였다. 하느님께서 그녀에게 말씀하셨다. "만약 가난이 그러한 위대한 선이 아니라면, 나는 그 가난을 사랑하지 않았을 것이다. 그리고 만약 가난이 그렇게 고귀한 것이 아니었더라면, 나는 그것을 취하지도 않았을 것이다."[43]

안젤라는 종종 자신의 신앙 체험을 애정에 가득 찬, 육체적이고 감각적인 언어로 생생하게 묘사한다. 그녀는 그리스도의 육체성을 그녀 자신과 그리스도 사이의 일치의 도구로 체험하였다. 아래에 서술되는 이야기가 예시하듯이, 안젤라의 체험은 그 일치의 구체적인 체험이었음을 드러낸다.

성토요일에 … 안젤라는 환시 중에 그리스도와 함께 무덤에 있는 자신을 발견하였다. 안젤라는 먼저 그리스도의 가슴에 입을 맞추었다고 말했다. 그리고 그녀는 그리스도가 눈을 감고 죽어있는 것을 보았다. 그다음 그녀는 그의 입술에 입을 맞추었고, 그 입술에서는 도저히 묘사하기 불가능한 아름다운 향기가 퍼져 나왔다고 한다. 이 순간은 짧게만 지속할 뿐이었다. 그 후 안젤라는 자신의 볼을 그리스도의 볼에 갖다 대었고, 자신을 그리스도에게 밀착시키며 그리스도의 손을 그녀의 다른 쪽 볼에 갖다 놓았다. 그 순간, 그리스도의

---

43   Lachance, 194-195.

충실한 사람은 그리스도가 그녀에게 다음과 같이 말씀하는 것을 들었다. "내가 이 무덤에 눕기 전, 나는 이미 너를 이렇게 단단히 붙들고 있었다."[44]

안젤라는 "삼위일체의 한가운데에 섬, 혹은 누움"의 체험을 가진 적이 있었는데, 그 체험 안에서 그녀는 "그 어둠으로 보았다"라고 말한다. 그리고 그 형언할 수 없는 체험을 육화한 그리스도와 연관시킨다.

내가 그 어둠 속에 있을 때, 나는 인간이나 사람이 되신 하느님이나, 꼴을 가진 그 어떤 것에 대해서도 기억하지 못했다. 그렇지만 나는 모든 것을 보았고, 아무것도 보지 못했다. 내가 이전에 물러남과 나와 함께 머묾에 관해서 이야기했던 바와 같이, 나는 사람이 되신 하느님을 보았다. 그는 대단한 상냥함으로 나의 영혼을 끌어당겼고, 때로 나에게 이렇게 말씀하셨다. "네가 나고 내가 너다." 그러고 나서 그분이 나를 끌어안으려고 나에게 기대올 때, 나는 그분의 눈과 얼굴이 무척이나 자애롭고 매력적임을 보았다. 요컨대, 그분의 얼굴과 눈에서 나오는 것은 이전의 그 암흑, 즉 안쪽에서 생겨나는 그 암흑 속에서 보았다고 말했던 그것이고, 그것에 대해서 아

---

44 Lachance, 182.

무 말도 할 수 없을 만큼 나를 기쁘게 하는 것이었다.[45]

안젤라의 이 수수께끼 같은 묘사는 그리스도교 신비주의의 두 측면을 일치시킨다고 말할 수 있다. 이 두 측면은 때로는 정반대되는 것으로 이해되기도 하였고, 또 때로는 서로를 보충하는 것으로 이해되었다. 이 두 측면은 소위 아포파틱apophatic 접근과 카타파틱kataphatic 접근을 말한다. 아포파틱 신비주의는 말로 표현할 수 없는 신앙 체험의 본성을 강조하는 반면, 카타파틱 신비주의는 가능한 한 언어, 비유, 묘사 등을 사용하여 신앙 체험을 묘사하고자 노력한다.『회상록』에서 안젤라는 어둠에서 그리스도로, 이윽고 자신이 체험한 "안쪽에서 생겨난" 어둠을 이제는 육화하신 그리스도의 눈과 얼굴에서 생겨난 것과 같은 것으로 이해하면서 신비주의의 두 측면을 쉽게 넘나드는 듯하다. 위의 지문은 보이는 것과 보이지 않는 것, 묘사 가능한 것과 묘사 불가능한 것 사이의 긴장에 대한 해법을 묘사한다. 그리고 그 해법은 안젤라와 그리스도의 몸에서 발생한다. 안젤라는 "그날 이후로 낮도 밤도 없었고, 그리스도의 인간성이 가져다주는 그 기쁨을 지속해서 체험하지는 않았다"고 말한다. 그리고 안젤라는 그 기쁨에 힘입어 13세기의 대중적인 신심 찬가 형태였던 라우데laude를 "노래하고 찬미"하였다. 안젤라가 전하는 찬가의 가사는 다음과 같다.

---

45   Lachance, 205.

저는 제가 사랑하는 하느님을 찬미합니다.
저는 당신의 십자가를 저의 침대로 만들었습니다.
배개나 등받이는
가난으로 만들었습니다.
침대의 다른 부분은
제가 누워 쉴 고통과 멸시로 만들었습니다.[46]

안젤라는 이 침대의 비유에 대한 설명을 청하는 질문을 듣고 다음과 같이 대답하였다.

이 침대는 제가 쉴 침대입니다. 왜냐하면, 그리스도께서 그 위에서 태어나셨고 살아가셨고 죽었기 때문입니다. 하느님 아버지께서는 심지어 인간이 죄를 짓기 이전부터 그 침대와 그것의 벗들(가난, 고통, 멸시)을 당신의 아드님께 주실 정도로 사랑하셨습니다.[47]

안젤라는 십자가라는 "침대"를 그것을 꾸미는 가난과 고통과 경멸과 함께 묵상하면서 클라라에게서도 발견되는 언어("우리가 가난도

---

46 Lachance, 205.
47 Lachance, 206.

수고도 고생도 모욕도 세속의 멸시도 두려워하지 않고"⁴⁸)와 여러 해 후에 등장하는 요한 둔스 스코투스의 심원한 그리스도론적인 논증과의 연결점을 제공한다. 스코투스는 아담이 죄를 짓지 않았더라도 그리스도께서 이 세상에 오셨을 것이라 논하였다. 안젤라는 "심지어 인간이 죄를 짓기 이전부터" 하느님께서는 십자가 침대와 관련된 처지를 사랑하셨다고 말한다.

안젤라는 당대의 철학이나 신학 정규 과정을 수학하지 않았지만, 그녀를 따르는 제자들에게 깊은 인상을 남겼다. 이 제자 중 일부는 우베르티노 다 카살레Ubertino da Casale 등과 같이 정규 교육을 받은 이들도 포함되어 있었다. 우베르티노는 작은 형제들의 개혁 무리인 "영적인 형제들"이 품었던 이상의 가장 중요한 대변인이었다. 안젤라의 물질적이고 구체적인 신비주의는 에벌린 언더힐Evelyn Underhill 등과 같은 그리스도교 신비주의 연구가들의 관심을 사로잡아 왔다.⁴⁹

토디의 자코포네(Jacopone da Todi)

토디의 자코포네(+ 1306)는 시인, 공증인, 홀아비, 회개자, 작은 형제, 정치범으로, 때로는 빈정댐으로 누군가를 분노케 하였고, 또 어

---

48 「클라라 규칙」, 6,2.
49 「The Blessed Angela of Foligno」, 『The Essentials of Mysticism』, New York, E. P. Dutton & Co, 1920, Dutton paperback, 1960, 160-182.

띤 때에는 서정적인 신비주의로 사람들의 마음을 움직이는 작가였다. 자코포네는 프란치스칸 유파의 또 다른 측면인 대중 설교가, 장터의 배우이자 음유 시인, 열정적인 정치적 관상가의 면모를 보여준다. 자코포네는 볼로냐 대학에서 수학한 귀족 가문 출신이었다. 이후 반나 디 베르나르디노Vanna di Bernardino와 혼인하였고, 노타리오notario라고 불리는 일종의 변호사 - 공증인 - 자문가로서 일하였다. 자코포네는 아내 반나가 세상을 떠난 후 10년간 평신도 회개자의 삶을 살았고, 보나벤투라가 세상을 떠난 지 4년 후인 1278년에 작은 형제가 되었다. 1297년부터 1303년까지는 감옥 생활을 감내해야 했다. 그는 그가 무척 증오하던 교황 보니파시오 8세를 전복시킬 음모를 공모했다는 이유로 수감되었다. 자코포네는 교황 보니파시오 8세가 적-그리스도일 수도 있다고 생각하였다. 자코포네의 종교적 세계관을 형성한 것은 프란치스코의 모범과 보나벤투라의 작품들이었고, 이는 당시 노래로 번안할 수 있었던 대중 종교 시문인 로디lodi 혹은 "찬가"의 형태로 표현되었다.[50]

 자코포네의 찬가 중 특히 두 개의 찬가가 육화의 주제에 헌정되었다. 자코포네는 「성탄의 찬가」라고 명명된 찬가 64번 도입 연聯에서 육화의 비유를 표현하기 위하여 당대의 다른 중세 작가들에게도 익숙하던 작품 형태에 발맞추어 노래와 음악 표기법을 사용한다.

---

50 이에 관해서는 다음 글의 서문을 보라: 『Jacopone da Todi: The Lauds』, tr. Serge and Elizabeth Hughes, New York, Paulist Press, 1982, xix-xxi.

나는 새로운 찬가를 듣는다.
괴로워하는 이들의 눈물을 닦아주기 위하여!

나는 그 찬가가 날카로운 음색으로 시작됨을 듣는다.
그 찬가는 거기서 천천히 몇 옥타브를 내려간다.
말씀이 오심을 기념하기 때문이다.
그토록 아름다운 선율의 하강은 결코 들은 적이 없다.

이 기쁜 합창대는 바로 천사들의 합창대이다.
이들은 구유를 둘러싸고 달콤한 노래를 부른다.
아기 예수 앞에서,
육화하신 말씀 앞에서.

이들은 "하늘 높은 곳에는 하느님께 영광"
"땅에는 평화
전쟁과 모든 악의 종말
흠모받는 이 아기에게 찬미와 축복이!"라고 노래한다.

내가 본 거룩한 악보는
양피지 위에 새겨져 있다. 그 양가죽 위에,
그 양 안에는 - 우리의 예리한 눈은 알아차린다 -
노래로 가득 차 있다. 그것이 독창이든 합창이든.
그 장章을 오가는 손은
하느님의 손이다.
그리고 우리에게 노래를 가르치는 분은

당신의 자비 안에 계신 하느님이시다.[51]

    이 찬가는 우선 육화를 극적인 높고 날카로운 음표로 재현하고, 그 후 한 옥타브씩 하강하는 음표로 표현한다. 마리아의 아들이 되신 하느님 아들의 하강이 그 주제인 것이다. 구유에 대한 자코포네의 묘사에서 우리는 그리스도 탄생 장면에 대한 초기 프란치스칸들의 표현, 즉 그렉치오에서 프란치스코가 재현한 것과 같은 표현이 지닌 광범위한 영향력에 주목할 수 있겠다. 이후 자코포네의 시선은 노래하는 목소리에서 노래 악보 자체로 옮겨간다. 여기서 하느님의 양이신 아기 예수의 인간 육체는 "새끼 양가죽"이라는 물질을 그 상징으로 한다. 13세기의 악보 작성은 양피지를 사용하였다. 이 찬가를 통해 우리는 그리스도의 몸에서 읽는 신비에 응답하며, 최고의 합창대 지휘자인 하느님으로부터 노래하는 법을 배워 익혀 그 육화를 관상함으로써 이 악보를 "즉석에서 노래하게 된다."

    「성탄의 둘째 찬가」인 찬가 65번에서 자코포네는 프란치스칸 학파의 중요한 주제인 가난과 육화를 다음과 같이 시적으로 표현한다.

    당신의 영광스러운 옥좌의 자리에는,
    구유와 초라한 지푸라기가 있네.

---

51   Hughes and Hughes (tr.), 『Jacopone da Todi』, 194.

> 별처럼 반짝이는 왕관의 자리에는,
> 보잘것없는 배내옷과
> 소와 당나귀의 따뜻한 가슴이 있네.
> 당신의 영광스러운 궁궐에는 마리아와 요셉이 있네.
> 이 모든 것은 술 취한, 혹은 분별 없는 이가 저지른 행동이었던가?
> 어떻게 당신은 당신의 왕국과 부유함에서 물러나
> 어리석은 짓이나 마찬가지인 포기를 [택하였는가]?
> 누군가 당신에게 다른 더 큰 보화를 약속했던가?
> 그 큰 영광을 양도하여 저토록 비천한 신분을 당신 것으로 삼는,
> 오 측량할 수 없는 사랑이여! [52]

위 시는 육화라는 자유로운 선택을 아드님 편에서의 어리석음으로 비유한 자코포네의 많은 글 중 하나이다. 작가가 설명하는 사랑의 어리석음이란 중세 궁정으로 비유된 천상 영광을 포기한 선택과 베들레헴의 구유라는 비천한 상태를 받아들인 선택이다.

사랑, 가난, 겸손이라는 세 단어는 자코포네의 찬가에서 상당히 자주 나타난다. 그리고 이 단어들은 프란치스코와 클라라가 육화를 묘사하는 데 사용하던 어휘를 반복한다. 프란치스칸 영성 전통은 그러한 반복으로 구성되어 있는데, 이 반복은 다른 작가들의 차이 안

---

52 Hughes and Hughes, 196.

에서도 비슷한 음악적 주제를 반향한다.

철학자이자 신학자인 요한 둔스 스코투스는 그리스도의 육화를 묵상하는 전통에서 가장 중요한 저자라고 말할 수 있겠다. 그는 육화라는 같은 주제를 표현함에서 자코포네가 사용한 것과 같은 시적인 언어가 아닌 전문적이고 학문적인 신학의 언어를 사용하였다.

스코투스와 육화의 동기

요한 둔스 스코투스(+ 1308)는 쾰른에서 44세의 나이에 때이른 죽음을 맞이하기 전까지 옥스퍼드와 파리의 활기찬 신학적 환경 안에서 생활하고 가르쳤다. 보통 스코투스의 철학 및 신학 작품은 영성 사료 모음집에는 나타나지 않는다. 그러나 그가 작성한 신학 작품은 오랜 기간 영향력을 발휘하였고, 그 영향력으로 수 세기에 걸쳐 프란치스칸 영성이 형성되었다. 그중에서도 특히 육화에 관한 사색을 담은 작품은 프란치스칸 영성에 막대한 영향을 끼쳤다.[53]

스코투스가 말하는 육화의 근거는 사랑이다. 이 사랑은 하느님의 존재의 고유한 본성이다. 육화는 하느님의 "가장 위대한 업적"이므로, 육화가 다른 외부적 영향, 즉 무엇인가 "부수적인" 것으로 인

---

53   스코투스에 관하여 필자가 이전에 언급한 견해는 다음에서 읽을 수 있다: 『The Franciscans』, Collegeville MN, The Liturgical Press/Michael Glazier Books, 1989, 115-116.

하여 발생했다고 설명하는 것은 거의 불가하다.⁵⁴ 스코투스는 당대의 학문적인 언어로 "전체 피조계에서 가장 높은 선이 단순히 우연히 발생하고, 더 작은 어떤 선 때문에 발생할 리가 없다"고 논하였다.⁵⁵ 육화의 위대함은 하느님 편에서 볼 때 결코 나중에 생각한 것일 수 없다. 즉, 육화가 인간 원죄의 문제에 대한 응답으로서 명해질 수 없다는 것이다. 19세기 중반의 저명한 영성 작가인 프레데릭 파버Frederick Faber는 이같은 스코투스의 가르침을 다음과 같은 단순한 문장으로 표현한다.

> 만약 그리스도가 우리 다음에 명해졌다면, 그리고 우리 때문에, 오직 우리의 구원을 위해서 명해졌다면, 다음과 같은 기괴한 결과가 뒤따른다. 첫째, 그리스도는 우리에게 감사의 빚을 지게 된다. 둘째, 우리 인간은 어떤 면에서 볼 때 그리스도보다 더 우월하다. 셋째, 그리스도의 존재를 위해서는 죄가 필요하다.⁵⁶

---

54 『Opus Oxoniense』, III, d. 7, q. 3 (Vivès den, XIV, 355a).
55 재인용: Allan Wolter, 「John Duns Scotus on the Primacy and Personality of Christ」, 『Franciscan Christology』, ed. McElrath, 141.
56 재인용: Gabriele Allegra, 『My Conversations with Teilhard de Chardin on the Primacy of Christ: Peiking 1942-1945』, tr. Bernardino M. Bonansea OFM, Chicago, Franciscan Herald Press, 1970. [Frederick Faber, 『The Blessed Sacrament』, Philadelphia: Reilly, 1958, 338].

이를 지금 우리의 언어로 표현한다면 다음과 같이 설명할 수 있겠다. 하느님의 아드님이신 말씀의 육화는 가장 높은 선, 즉 하느님의 내적 신원인 하느님 사랑의 최고 표현이다. 육화에 드러난 무한한 사랑과 비교해 볼 때, 아담과 이브의 죄의 영향을 바로잡는다는 것은 "더 작은 선"에 불과하다. 만약 육화가 인간 죄에 의해 유발되었다면, 그렇다면 그 해법의 장엄함이 그 문제의 크기에 비하여 지나치게 크다. 그리고 만약 인간이 죄를 짓지 **않았다면**, 하느님께서 육화할 필요도 없었을 것이다(이는 파버 신부가 말하는 "기괴한 결과" 중 하나이다).

스코투스는 그리스도께서 세상에 오신 이유를 다음과 같은 방식으로 말한다. "나는 그리스도의 육화가 죄로 인하여 예견된 것이 아니라, 목적에 더 근접한 선으로서, 창세 전의 그 영원함으로부터 하느님께서 즉시 예견한 것이라 말한다."[57] 이 문장은 중세의 신학 언어로 표현된 것으로 약간의 번역이 필요할 듯하다. 여기서 말하는 "목적"은 전체 피조계를 위한 하느님의 목적 혹은 목표를 뜻한다. 스코투스는 이 목표가 하느님 당신 자신의 생명을 나누는 것이라 말한다. 하느님의 생명은 너무나도 생산적이어서 지속해서 당신 자신의 표현을 추구한다. 최종적인 목적은 삼위일체 하느님 당신의 생명의 나눔이어야 한다. 삼위일체 내에서는 아드님 혹은 말씀 하느님이 삼위일체 "안으로 들어가는 길"로서 삼위일체의 중심에 있다. 자기 발산적인 하느님의 사랑이 당신의 창조 행위 안에서 표현되었듯이,

---

57　재인용: Wolter, 『Franciscan Christology』, 153.

아드님은 하느님이 창조한 모든 피조물의 형상 혹은 모상이다. 만약 창조에 대한 하느님의 최종적인 목표가 거룩한 삶 그 안으로 참여시키는 것이라면, 아드님의 육화는 이 목적에 매우 긴밀한(목적에 더 근접한 선) "선"이라 말할 수 있다. 왜냐하면, 그리스도는 피조물(인간을 포함한)을 하느님의 내적 생명에 연결하는 중간 구성원, 즉 다리가 되기 때문이다. 그리스도는 이렇게 하느님의 생명에 이르는 데 필요한 문 혹은 길이 되는 것이다. 모든 피조물이 하느님의 생명에 참여하는 것은 모든 피조물에 의도된 최고의 목적이다.

스코투스는 이전 시기의 신학 전통을 살펴보면서 "권위자들(성경 저자와 교부들)"이 육화의 주제에 관하여 가르친 바를 숙고하고 다음과 같이 결론짓는다. "모든 권위자는 다음과 같이 설명될 수 있다. 만약 첫 번째 사람이 죄를 짓지 않았더라면, 그리스도는 **구세주**로서는 오지 않았을 것이다."[58] 그러나 이 말이 "그리스도는 오지 않았을 것이다"라는 말과 같지 않다. 인간의 죄가 육화의 **방식**에는 영향을 주었지만(그리스도는 이 세상을 구하기 위해서도 오셨다), 육화의 **동기**는 어디까지나 사랑의 자유로운 행위였다.

> 인간은 다른 방법으로 구원받을 수도 있었지만, 그리스도는 그의 자유로운 의지의 행위로 인간을 구원하였으므로, 우리는 그리스도에게 대단히 큰 빚을 지고 있다 … 그리스도께서 그렇게 하신 주된 이

---

58 재인용: Allegra, 『Conversations』, 93. [『Opus Oxoniense』, III, d. 7, q. 3, n. 3 (Vivès den, XIV, 355a)].

유는 우리를 당신의 사랑으로 끌어당기기 위함이고, 우리가 더욱더 가까이 하느님께 매달리기를 원했기 때문이라고 믿는다.[59]

스코투스는 이러한 자신의 통찰을 오늘날 우리가 대중적인 영성 작품이라고 여기는 글로 발전시키지는 않았다. 스코투스는 자신의 언어와 사유로 "명민한 박사(Subtle Doctor)"라는 칭호를 얻었다. 그의 작품들은 14세기의 프란치스칸 세계로 퍼져나갔고, 이 작품들은 프란치스코와 클라라의 글에서는 아직 걸음마 단계로 있던 직관, 즉 육화는 사랑의 가장 위대한 표현이며 그리스도의 죽음은 그 사랑의 최종적이고 자유로운 행위라는 직관이 프란치스칸 영성 안에서 신학적 언어로 표현될 수 있도록 도왔다.

마리아: 인간성의 온전한 모상

1854년 12월 8일, 원죄 없이 잉태되신 마리아 교리가 장엄하게 선포되자 많은 프란치스칸들은 이 사건을 마리아뿐만 아니라 스코투스에게도 영광스러운 것으로 보았다. 스코투스는 나자렛의 마리아가 원죄 없이 잉태되었다고 줄곧 주장했는데, 이는 그리스도의 육

---

59 재인용: Allegra, 『Conversations』, 93. [『Opus Oxoniense』, III, d. 20, q. unica, n. 10 (Vivès den, XIV, 737b-738a)].

화가 죄가 아닌 사랑에 기인한 것이라고 전개한 자신의 그리스도에 대한 사유의 당연한 결과였다. 이 책에서 마리아에 관한 스코투스의 여러 다양한 본문을 분석하지는 않을 것이고, 다만 온전한 인간으로서의 마리아의 개념에 대한 스코투스의 사유 일부를 단순하게 설명하고자 한다.[60]

일반적으로 마리아의 원죄 없으신 잉태에 관해서 이야기할 때, 마리아에게 무엇인가 "빠져있음"을, 즉 원죄가 빠져있음을 함축하는 것처럼 보인다. 또한, 우리가 죄에 관해서 이야기할 때도 무엇인가 "부족한" 상태라는 의미로 이야기한다. 그 부족한 상태는 하느님과 비슷하지 않음을 뜻한다. 원죄 없이 잉태되신 마리아 교리가 경축하는 바는, 마리아가 인간이 의미하는 바가 무엇인지 완전하고도 분명하게 드러낼 뿐 아니라, 우리가 본래 창조된 모습이 무엇인지를, 즉 하느님의 뚜렷한 모상으로서의 우리 인간의 모습을 보여주었다는 것이다. 이 접근법의 아름다움을 이해하기 위해서는 그리스도 안에서의 인간에 대한 개념을 살펴볼 필요가 있다.

스코투스는 언제나 그리스도를 가장 먼저 고려하므로 인간을 육화하신 말씀의 살아있는 모상으로 보았다. 스코투스의 사상(그리스도의 우선성 혹은 그리스도 중심주의) 안에서 피조물은 그리스도의 인간성을 본따 만들어졌고, 그 인간성이 창조의 목적이다. 모든 것이 그리스도를 통하여, 그리스도를 위하여, 그리스도 안에서 만들어졌다. 그리스도는 진정한 아담, 첫 번째 아담이다. 창세기의 아담은 그의 모상일

---

60 마리아에 관한 스코투스의 본문에 대한 토론은 다음을 보라: Carolus Balic OFM, 『Theologiae Marianae elementa』, Silbenik, Typographia Kačic, 193.

뿐이다. 원죄 이전의 인간과 세상의 이야기를 그리는 창세기의 시작은 그리스도가 누구인지에 관한 표상이다.

하느님은 모든 피조물을 그리스도이신 아드님의 인간 형상에 따라 계획한다. 그리고 그 아드님이 "여인에게서 태어나도록" 계획한다. 이 계획의 실행을 알아듣기 쉬운 언어로 설명하자면, 삼위일체 하느님이 아드님의 인간으로의 육화를 결정한 후 곧이어 선택한 것이 바로 자신의 인간성을 하느님과 나누도록 초대될 여성이었다.

그렇다면 이 여성은 어떤 종류의 인간이어야 하는가? 이 여성은 아드님에게 가장 적합한, 아드님의 가장 완벽한 모상이어야 한다. 즉, 그녀는 **온전한** 인간이어야만 한다. 그리고 이 여성은 하느님께서 계획한 바와 같이 온전한 인간으로서의 생을 살아간 사람이어야 했다. 이제야 비로소 우리는 창세기의 도입부로 넘어갈 수 있다. 이렇게 하느님의 논리는 앞쪽 시점에서 뒤쪽으로, 즉 신약 성경에서 시작하여 구약 성경의 도입부로 움직인다. 따라서 논리적으로 성탄이 창조보다 먼저 오게 되며, 그리스도가 아담보다 우선하고, 마리아가 이브보다 우선한다. 중세 스콜라 철학에는 이러한 논리에 쓰이는 다음과 같은 라틴어 문장이 있다. "primum in intentione, ultimum in excutione(가장 먼저 의도한 것이 가장 나중에 완성된다)."

이 논리에 따라 그리스도가 가장 먼저 오고, 그다음에 마리아, 그러고 나서 아담과 이브가 온다. 우리 모두 창세기 이야기를 읽어 알고 있듯이, 아담과 이브라는 하느님의 완전한 모상이 그것이 아닌 다른 것을 그들의 자유 의지로 선택하자, 그들의 하느님의 완전한 모상성도 변하게 되었다. 이 결정으로 그들은 인간으로서의 참된 정체성보다 못한 존재가 되었다. 그들의 결정은 완전한 인간성에 대한 거부였지만, 그것은 어디까지나 그들의 선택이었고 하느님은 그들의 결정을 막지 않았다. 그들에게서 자유를 빼앗아간다는 것은 곧 자유로운 아드님의 모상성을 불완전하게 만들기 때문이었다.

우리는 이 선택을 "원죄"라고 부른다. 성경에 의하면, 이 선택은 카인과 아벨이라는 후세에 영향을 미치고, 노아, 아브라함, 모세, 다윗, 솔로몬, 그리고 오늘날 우리 시대에 이르기까지 계속해서 세대를 거쳐 영향을 미치고 있다.

그러나 인간이 지닌 하느님의 모상성은 절대 사라지지 않았다. 다만 모호해졌을 뿐이다. 이제는 그리스도의 인간성이라는 참된 인간성을 보기가 더 어려워졌지만, 그 흐려진 모상은 여전히 존재한다.

위대한 계획이라는 하느님의 책은 마리아의 원죄 없는 잉태와 함께 창세기 이전에 시작되었다. 한 인간이 **온전한 인간**으로서 잉태되었다. 마리아는 우리가 참으로 누구인지를 드러낸다. 자유롭고 온전하게, 영혼과 육체 모두, 그렇게 마리아의 인간성은 그리스도를 **위한**, 그리스도 **안에서의**, 그리스도**의** 인간성이었다.

이 교리는 원죄 없이 잉태되신 마리아의 교리라 불리는데, 그보다는 다른 이름으로 부르는 것이 더 적합할 수도 있겠다. 굳이 마리아를 무엇인가가 "아닌", 즉 원죄 "없이"라고 말하며 무엇이 "아닌" 누군가로 정의할 필요가 있겠는가? 그래서 이 교리는 "온전한 인간이신 마리아"의 교리로 불릴 수 있겠다. 하느님의 논리 안에서는 그 마리아가 바로 우리 모든 인간이 되어야 할 바이고, 궁극적으로 하느님의 계획 안에서 우리가 무엇인지를 드러내기 때문이다.

정말로 마리아가 원죄 없이 잉태되었을까? 나는 이에 대한 대답을 이탈리아 북부 벨몬테Belmonte 수도원 성지에 거칠게 새겨진 문장에서 본다. 이곳에는 성모님의 성화가 그려져 있는데, 그 엉성하게 그려진 마리아의 왼편과 오른편에는 각각 스코투스와 프란치스코가 그려져 있다. 마리아 위쪽으로는 원죄 없이 잉태되신 마리아에 대한 하느님의 근거, 즉 "Potuit, Decuit, ergo Fecit(그렇게 될 수 있었고, 그렇게 되어야만 했고, 그래서 하느님께서는 그렇게 했다)"라는 문장이 서툴게 적혀있다. 전 세계의 프란치스칸 수도원에서 매주 토요일 저녁마다 부르는 전통적인 찬가 한 편은 수 세기에 걸쳐 이러한 스코투스의 메시지를 묵상하도록 이끌었다.

Tota pulchra es, Maria	아름다우신 성모여
Et macula originalis Non est in te.	원죄 물듦이 당신께는 없나이다.
Tu, gloria Jerusalem!	당신은 예루살렘의 영광,
Tu, laetitia Israel!	당신은 이스라엘의 기쁨
Tu, honorificentia populi nostri!	당신은 우리 백성의 명예와 자랑
Tu, advocata peccatorum!	당신은 죄인의 피난처
Oh, Maria! Oh, Maria!	오 마리아, 오 마리아!
Virgo prudentissima,	지혜로운 동정녀
Mater clementissima,	인자하신 어머니
Ora pro nobis,	우리를 위해
Intercede pro nobis ad Dominum Iesum Christum.	당신 아들 그리스도께 간절히 빌어 주소서.

제3장

우리 주 예수 그리스도의 가난과 겸손

귀부인이신 거룩한 가난이여,

주님께서 당신의 자매인 거룩한 겸손과 함께

당신을 지켜 주시기를!(프란치스코)[61]

오, 경건한 가난이여,

하늘과 땅을 다스렸고 또 다스리시며

말씀으로 만물을 지어 내신

주 예수 그리스도께서

무엇보다도 먼저 그대를 품으실 만하였으니!(클라라)[62]

그리스도교 영성 안에서 프란치스칸 전통은 가난에 매우 큰 중요성을 부여해 왔다. 가난은 그리스도의 제자

---

61 「덕 인사」, 2.
62 「1아녜스 편지」, 17.

됨을 실행함에 있어 필수적인 것으로 이해되었다. 이러한 가난의 중요성은 프란치스칸 전통에 속한 주요 영성 작가들 안에서 잘 입증되고 있다. 또한, 이 가난은 8백 년간 이어진 프란치스칸 운동 안에서 개혁과 분리를 촉발하기도 하였다.[63]

예수의 특징이었던 가난은 프란치스코의 영성을 구성하는 원리 중 하나였다. 클라라는 자매들과 함께한 40년이 넘는 시간을 통하여 이 가난의 우선성을 끊임없이 강조하였고, 다른 이들에게도 열심히 권고하였다. 이 가난은 이어지는 프란치스칸 세대인 폴리뇨의 안젤라, 안젤라의 제자였던 우베르티노 카살레 및 다른 많은 이에게 영적 여정을 힘써 따르도록 힘을 불어넣었다. 이 영적인 여정은 때때로 격렬한 반대에 저항하는 것이기도 했고, 많은 이가 그 여정을 이해하지 못하거나 받아들이지 않기도 하였다.

이 장에서는 프란치스칸 전통에서 가난이 차지하는 중심 위치를 이해하기 위하여 우선 프란치스코와 클라라의 모범을 살펴보고, 또한 이어지는 세대에서의 가난 전통의 발전 과정도 더듬어 보도록 하겠다.

프란치스코: 소유 없는 삶(Vivere Sine Proporio)

---

[63] 이에 관해서는 다음을 참조하라: Duncan Nimmo, 『Reform and Division in the Medieval Franciscan Order: From Saint Francis to the Foundation of the Capuchins』, Bibliotheca Seraphico-Capuccina 33, Rome, Capuchin Historical Institute, 1987.

프란치스코는 「유언」에서 주님께서 그가 살아야 할 "생활양식"을 계시해 주셨다고 강조한다.[64] 이 삶의 방식은 기본적으로 "우리 주 예수 그리스도의 거룩한 복음을 실행하는 것"이었다. 이는 프란치스코가 작성한 수도규칙의 도입부에도 적혀있는 바이다. 그리고 이 삶의 방식에는 "그 어느 것도 자기의 것으로 소유하지 않는(Vivere Sine Proporio)" 생활이 포함된다.[65]

프란치스코의 글, 특히 「권고들」에는 "소유 없는 삶"이라는 문구가 종종 나타나는데, 사실 「권고들」은 소유 없는 삶이라는 표현의 주석으로 읽힐 수 있는 글이다. 「권고들」은 초기 수도생활의 사막 교부들의 말씀처럼 간단한 격언으로 이루어져 있다. 또한, 이 글은 형제들의 모임(당시에는 매년 총회가 열렸다)에서 프란치스코가 형제들을 대상으로 한 말씀을 다른 누군가가 받아 적은 글로 보인다. 「권고들」에서 표현되는 "소유 없는(sine proprio)" 삶을 살아가는 다양한 방식은 프란치스코의 다른 글에도 나타나는 문구와 그 맥을 같이하고 있다.

그렇다면 "소유 없는 삶"이란 무엇을 뜻하는 것일까? 우선 이 삶은 행복 선언(진복 팔단)의 가르침에 따라 제자의 삶을 살아감을 의미한다. 그 어떤 것도 자기 소유로 삼지 않는 사람은 "마음이 가난한

---

64 「유언」, 14.
65 「인준 규칙」, 1,2.

사람들"이고 "하늘나라가 그들의 것이다"(마태 5,3).⁶⁶ 이들은 "영에 따라" 사는 이들이다. 이 삶의 반대 양식은 사물에 대한 자기 소유를 주장하며 "소유하는" 삶의 방식이다. 그리고 이러한 소유의 삶을 사는 이들은 "육에 따라" 사는 이들이다.

이러한 철저한 소유 없음의 태도는 인간 생활의 모든 부분, 우리 자신의 의지부터 시작하여 선한 일을 실행하는 데까지 그 모든 부분에 영향을 미친다. 만약 우리가 우리의 의지를 "소유"하고자 한다면 "우리의 첫 번째 조상의 죄를 반복"하게 되는 것이다.⁶⁷ 또한, 그 어떤 형제도 권한 있는 자리를 "소유"하지 말아야 한다.⁶⁸ 성경을 공부하는 형제들은 자신의 지식을 부를 얻는 데 사용해서는 안 된다.⁶⁹ 그 어떤 형제도 화나 걱정을 자기 것으로 삼아서도 안 되고,⁷⁰ 추문이나 악행을 자기 것으로 삼아서도 안 된다.⁷¹

「권고들」은 프란치스코가 그 어느 것도 자기 것으로 삼는 것을 거부하는 이유를 다음과 같이 제시한다. "모든 선한 일을 말하고 행

---

66 「권고」, 14.
67 「권고」, 2.
68 「권고」, 4. 「비인준 규칙」 역시 비슷한 표현을 담고 있다: "그리고 어떤 봉사자나 설교자도 봉사 직분이나 설교의 직책을 자기의 것으로 소유하지 말 것이며…"(「비인준 규칙」, 17).
69 「권고」, 7.
70 「권고」, 11.
71 「권고」, 14-15.

하는" 분은 "지극히 높으신 분" 뿐이다.[72] 모든 선한 것은 지극히 높으신 분에게만 속하고, 우리의 것으로 무엇을 취하는 것은 곧 하느님께 속한 것을 취하는 신성 모독에 해당한다. 달리 말하면, 프란치스코에게 있어서 모든 것은 선물이었다. 우리가 가지고 있거나 우리에게 속한 것을 우리의 "재산"인 것처럼 취하는 것은 일종의 불경죄이다. 이는 곧 "모든 선"이시고 "온갖 좋은 것"을 우리에게 주시는 하느님을 모욕하는 것이다.

"모든 선"이신 하느님, 성부와 성자와 성령은 모든 좋은 선물을 전혀 소유하지 않고, 그 모든 것을 – 심지어 거룩한 생명 그 자체마저도 – 자애롭게 내어주시는 분이다. 프란치스코는 예수를 바라볼 때 바로 이 선하신 하느님을 보았다. 프란치스코는 「권고들」 1에서 요한복음의 말씀(14,6-9)을 인용하며, "주 예수님께서" 필립보에게 하신 말씀, "나를 본 사람은 곧 내 아버지를 본 것이다"라는 구절을 다시 환기한다. 프란치스코는 성찬례를 판단 기준으로 삼으면서 바로 그 예수님이 "매일 사제의 손을 통하여 아버지의 품으로부터 제대 위에 내려오고", "겸손한 모습"으로 우리에게 온다고 선언한다. 이는 예수가 "그분의 어좌로부터 동정녀의 태중으로 오신 때"와 같은 것이었다.[73]

프란치스코는 성찬례에서와 마찬가지로 그리스도의 육화 안에서

---

72 「권고」, 8.
73 「권고」, 1.

도 "우리 주 예수 그리스도(따라서 지극히 거룩하신 아버지)"를 보았다. 이 주님은 높은 지위와 힘("어좌")을 고수하지 않고 "겸손한 모습"으로 사람들 안에 "내려오기"를 택하였다. 프란치스코에게 가난은 예수가 보여준 하느님의 모범에서 시작된다. 아래에 제시되는 사도 바오로의 두 글이 프란치스코가 인식하였던 "하느님의 가난"을 잘 표현한다고 하겠다. 첫 번째 글은 필리피 신자들에게 보낸 서간의 것이고, 두 번째는 코린토 신자들에게 보낸 둘째 서간의 것이다.

> 그리스도 예수님께서 지니셨던 바로 그 마음을 여러분 안에 간직하십시오. 그분께서는 하느님의 모습을 지니셨지만 하느님과 같음을 당연한 것으로 여기지 않으시고 오히려 당신 자신을 비우시어 종의 모습을 취하시고 사람들과 같이 되셨습니다. 이렇게 여느 사람처럼 나타나 당신 자신을 낮추시어 죽음에 이르기까지, 십자가 죽음에 이르기까지 순종하였습니다. 그러므로 하느님께서도 그분을 드높이 올리시고 모든 이름 위에 뛰어난 이름을 그분께 주셨습니다. 그리하여 예수님의 이름 앞에 하늘과 땅 위와 땅 아래에 있는 자들이 다 무릎을 꿇고 예수 그리스도는 주님이시라고 모두 고백하며 하느님 아버지께 영광을 드리게 하셨습니다(필리, 2,5-11).

> 그분께서는 부유하시면서도 여러분을 위하여 가난하게 되시어, 여러분이 그 가난으로 부유하게 되도록 하셨습니다(2코린, 8,9).

프란치스코의 가난은 당신의 신성한 지위를 "움켜잡거나" 고수하지 않고, 오히려 종으로서 사람들 가운데 머물기 위하여 그 신성한 지위를 포기한 예수 그리스도에 대한 응답이었다. 미천한 신분으로 태어난 예수는 가난한 사람으로 생을 살아갔고 십자가 위에서 죽음을 맞이했다. 이 십자가상 죽음이 바로 최종적인 포기이다. 프란치스코가 말하듯이 예수는 "길이요 진리요 생명"(요한 14,6)이기에[74] 하느님께 이르는 길은 그 어느 것도 붙잡거나 소유하지 않는 포기의 길이다.

이런 그리스도론적인 이해가 없다면 가난은 그 자체로 금욕적 수련이나 윤리적 자기 수양의 보속 행위일 뿐이다. 또한, 가난을 영적인 계산의 시각으로 셈하거나 측량하면서 사실상 무엇인가를 적게 가지는 것으로 이해한다면 프란치스코의 가난에 대한 전망을 희화화할 뿐이다.

작은 형제들의 「인준받은 수도규칙」 제6장은 이 가난에 대한 전망을 다음과 같이 표명한다.

형제들은 집이나 거처, 그 어떤 것도 자기 소유로 하지 말 것입니다. 그리고 이 세상에서 순례자와 나그네처럼(참조: 1베드 2,11) **가난과 겸손 안에서 주님을 섬기면서 신뢰심을 가지고 동냥하러 다닐 것입니다. 그리고 주님께서 우리를 위하여 이 세상에서 스스로 가난해**

---

[74] 「권고」, 1.

지셨으니(참조: 2코린 8,9) 부끄러워하지 말아야 합니다. 이것이 바로 지극히 사랑하는 나의 형제 여러분을 하늘나라의 상속자요 왕이 되게 하고, 물질에 가난한 사람이 되게 하면서도(참조: 야고 2,5), 덕행에 뛰어나게 하는 지극히 높은 가난의 극치입니다. 이것이 살아 있는 이들의 땅으로(참조: 시편 141,6) 인도하는 여러분의 몫이 되었으면 합니다. 지극히 사랑하는 형제들, 이 가난에 완전히 매달려 우리 주 예수 그리스도의 이름을 위하여 하늘 아래서는 평생토록 결코 다른 어떤 것도 가지기를 원치 마십시오.[75]

이러한 "지극히 거룩한 가난"의 서약은 곧 그리스도와 함께하는 하늘나라의 풍성한 삶이다. 회개 이전 상인이었던 프란치스코는 이 보화를 소유하기 위하여 자신의 모든 재산을 내다 팔았다. 그리고 작은 형제의 삶에 참여하는 모든 형제도 그렇게 똑같이 행할 것을 수도규칙에 명시하였다. "이 생활"을 받아들이기를 원하는 형제들은 봉사자들(장상들)에게 보내져야 하고, 봉사자들은 이들에게 "거룩한 복음의 말씀", 즉 "너희의 모든 것을 다 팔아 가난한 사람들에게 나누어 주어라"는 말씀을 이야기해 주어야 했다.[76] 이 복음 구절은 마태오 복음 19장 21절의 말씀으로 부자 청년이 다음과 같은 예수의 말씀을 듣는 장면을 담고 있다. "네가 완전한 사람이 되려거든,

---

75 「인준 규칙」, 6.
76 「인준 규칙」, 2.

가서 너의 재산을 팔아 가난한 이들에게 주어라. 그러면 네가 하늘에서 보물을 차지하게 될 것이다. 그리고 와서 나를 따라라."[77]

프란치스코는 "거룩한 복음을 따르는 생활"에는 필연적으로 재산을 팔아 나누어 주는 처리가 필요하다고 보았다. 이는 "부유하신 분이" 인간을 위하여 "당신 자신을 가난하게 만드신" 그리스도의 역동에 구체적으로 참여함을 드러낸다. 다시 한번, 여기서 말하는 포기는 윤리적 덕목으로서의 포기 그 자체를 위한 것이 아니다. 그것은 예수의 탄생, 생애, 활동, 죽음에서 드러난 하느님의 자애로운 자기 내어줌을 본보기로 하는 가난한 이들을 위한 포기인 것이다.

클라라와 "가난의 특전"

클라라는 자신을 프란치스코의 작은 나무(plantacula)로 규정한 바 있다. 라틴어로 플란타쿨라plantacula라는 단어는 문자 그대로 "작은 나무"를 뜻한다. 이 단어는 클라라를 "내성적인", 혹은 산 다미아노라는 울타리 내부 온실의 연약한 꽃이라는 서정적인 이해를 불러일으켰다. 그러나 클라라의 삶과 글을 표면적으로만 훑어보더라도 그와 같은 해석이 옳지 않음을 알 수 있다. 클라라는 가문의 남자들이 반대하던 - 심지어는 폭력적으로 반대하던 - 부르심을 따르고자 끈

---

[77] 프란치스코는 「권고들」 3에서 이와 비슷한 문장을 사용한다. 이 문장은 루카 14,33에서 따온 것으로 다음과 같다: "자기 소유를 다 버리지 않는 사람은 내 제자가 될 수 없다."

질기게 투쟁하였다. 또한, 본인이 따르던 그 삶의 방식을 함께 따르고자 하는 다른 여성들에게도, 그들이 다른 이로부터 어떤 종류의 조언을 듣든지 간에, 본래 삶의 계획에 충실하도록 조언하였다. 클라라는 또한 40년이 넘는 기간 동안 자신이 참으로 소중하게 여기던 "가난의 특전"을 강조하였다. 앞으로도 살펴보겠지만 "작은 나무"라는 클라라의 표현은 프란치스코와 형제들이 살았던 삶의 양식, 특히 "우리 주 예수 그리스도의 가난"과 관련한 삶의 양식을 클라라가 함께 나눔을 의미한다.

클라라는 유언에서 "가난하게 구유에 누워 계셨고 이 세상에서 가난하게 사셨으며 십자가에 알몸으로 매달리신 그 하느님의 사랑으로"라고 간절히 외친다.[78] 그녀는 예수의 전 생애를 가난으로 표현된 삶으로 보았다. 이 예수의 가난의 삶은 육화의 순간부터 시작하여 노동과 공생활의 성인기를 지나 죽음에까지 이르는 것이었다. "예수의 발자취를 따르는 것"은 곧 제자가 된다는 것이고, 이는 곧 예수가 살았던 삶의 종류인 가난의 삶을 껴안는 것을 의미하였다.

클라라에게 있어서 그녀 자신과 자매들의 삶은 세상을 위한 "거울"이 되는 것이었고, 주님께서 그 성소로 불러주신 다른 자매들의 모범이 되는 것이었다.[79] 우리는 클라라의 글에 나타나는 거울의 이미지를 통하여 가난이 클라라에게 그토록 중요했던 이유를 이해하게 된다. 그 거울은 곧 가난한 예수였다.

---

78 「클라라 유언」, 45.
79 「클라라 유언」, 19.

클라라는 예수를 이야기하기 위해 중세 거울의 이미지를 사용하였다. 중세의 거울은 오늘날의 평평하고 부드러운 거울과는 전혀 다른 것으로서 광을 낸 금속판에 울퉁불퉁하게 반사되는 거울이었다. 클라라는 우선 거울의 가장자리를 바라보았고, 점점 그 중심으로 시선을 옮기면서 거울의 표면을 예수 생애의 상징으로 변화시켰으며, 그렇게 온통 가난에 집중하였다.

> 나는 말합니다. 이 거울의 첫 부분을 보면서, 포대기에 싸여 구유에 누워 계신(참조: 루카 2,12) 그분의 가난을 주의 깊게 바라보십시오. 오, 감탄하올 겸손이여, 오, 놀라운 가난이여! 천사들의 임금이시고 하늘과 땅의 주님께서(참조: 마태 11,25) 구유에 누여져 있습니다. 그다음, 거울의 가운데를 보시고 겸손과 적어도 복된 가난을, 인류를 속량하기 위하여 그분이 겪으신 무수한 수고와 고생을 깊이 생각하십시오. 이 거울의 맨 끝을 보시고 말할 수 없는 사랑을 관상하십시오. 그분은 이 사랑 때문에 십자 나무 위에서 고통당하시고 거기서 가상 수치스러운 죽음을 맞이하기를 원하셨습니다. 바로 이 거울 친히 십자 나무에 달리셔서 행인들에게 여기에 생각해 볼 것이 있다고 권하시며 이렇게 말씀하십니다. "오, 길을 지나가는 모든 이들이여, 살펴보고 또 보십시오. 내가 겪는 이 내 아픔 같은 것이 또 있는지"(애가 1,12).[80]

---

80 「4아녜스 편지」, 19-25.

짐승의 여물통 안에 몸을 누인 아기의 가난에서 시작하여, 나자렛과 갈릴래아의 노동과 책임을 지나, 죽음의 수치와 고통에 이른 예수의 전체 삶, 즉 그 거울은 클라라에게 그녀 자신의 얼굴을 다시 반사하는 것이었다. 클라라는 프란치스코와 형제들과 마찬가지로 자신과 자매들이 살아갔던 삶의 방식 안에서 우리와 함께 계시는 하느님이신 예수라는 거울을 비추고 있었다. 또한, 자신과 프란치스코와의 관계 또한 그녀가 예수의 삶에 관하여 묘사했던 가난, 노동, 고통, 수치 등과 매우 유사하게 이야기한다.

> **복된 사부님은 우리가 가난도 수고도 고생도 모욕도 세속의 멸시도 두려워하지 않고 오히려 이런 것들을 더없는 즐거움으로 여기게 될 것을 알고, 연민으로 마음이 움직여 다음과 같이 우리에게 생활양식을 써 주었습니다.**[81]

자매들과 함께 "거룩한 가난"에 남겠다는 클라라의 굳건한 뜻은 그녀 자신과 자매들에게 오랜 기간 현실적인 문제를 초래하였다. 특히 클라라는 어떤 고정된 수입의 원천 없이 살아가려는 그녀와 자매들의 삶의 계획을 교회 당국자들이 존중하지 않는 것에 대한 근심이 컸다. 사실 소유 없는 삶이라는 생활양식은 선의의 은인들에게조차

---

[81] 「클라라 규칙」, 6, 2.

도 이치에 맞지 않는 것으로 보였다. 교회 당국자들이나 은인들은 그 어느 것도 소유하지 않는 삶에 대한 선택이 클라라의 영성, 즉 그리스도의 신비에 이르는 클라라의 방법론의 중심에 놓여 있다는 것을 이해하지 못했다.

 제4차 라테란 공의회(1215년)가 어떠한 새로운 수도규칙의 승인도 금하자, 산 다미아노의 자매들은 성 베네딕토의 수도규칙을 공동 삶의 법률적 기반으로 받아들였다. 자매들의 창설자인 프란치스코가 아닌 베네딕토가 만든 이 수도규칙은 클라라가 받아들일 수 없는 종류의 것이었다. 또한, 베네딕토회 수도규칙은 공동 재산의 소유를 허락하였다. 클라라가 자매들을 위하여 직접 작성한 수도규칙을 인준 받은 것은 그로부터 40년 후인 클라라의 임종 자리에서였다. 라테란 공의회의 결정 이후, 클라라는 산 다미아노 수녀원의 삶의 방식의 특징을 확언하기 위하여 교황 인노첸시오 3세로부터 대단히 특이한 특전, 클라라 공동체의 차이를 확연하게 특징짓는 특전을 요청하고 받아냈다. "특전"은 일반법에서 예외를 두는 법이거나 특별법으로서, 청원자에게 호의나 혜택을 주는 것이 일반적인 것이었다. 그러나 클라라는 그 어떤 호의도 받아들이지 않을 "호의"를 요청하였다.

> 하느님의 종들 중의 종인 인노첸시오 주교는 그리스도 안에 사랑받는 그의 딸들인 클라라와 아씨시의 다미아노 성당에 있는 그리스도의 다른 종들에게, 즉 현재와 영원한 미래의 이 모든 이들에게 회칙에 따른 수도생활을 공인하는 바입니다.

명백하게 여러분은 여러분 자신을 오로지 주님에게만 헌신하고자 그 모든 현세적인 것들에 대한 욕망을 포기했습니다.

"당신은 모든 것을 팔고 그것들을 가난한 자들에게 준 후에"라는 말씀 때문에, 여러분은 무엇이든지 간에 어떠한 재산을 소유해서는 안 되고 모든 것 안에서 우리를 위해서 가난하게 되신 길이요, 진리요, 생명이신 그분의 발자취를 따라야 합니다. …

그리하여 우리는 사도적 권위를 가지고, 여러분이 요청한 대로, 여러분의 가장 지고한 가난을 공고히 하는 데 있어서, 이 서한의 권위에 의해 어느 누구도 여러분으로 하여금 재산을 받아들이도록 강요할 수 없다는 것을 승인하는 바입니다.[82]

수도 공동체의 재산 소유를 허락하는 베네딕토회 수도규칙을 받은 클라라와 자매들은 즉시 개인적으로나 공동체적으로 그 어느 것도 소유하지 않겠다는 예외를 청하였던 것이다. 이는 당시 교회에서는 전대미문의 일이었다. 여성들의 공동체는 입회자들로부터 입회 지참금을 받을 필요가 있었고, 이 입회 지참금은 소작농에게 임대하여 수익을 내는 농지 형태인 경우가 많았다. 수도원은 은인들로부터 유산을 증여받기를 기대하기도 했는데, 이 유산은 땅이나 임대된 재산을 통한 수익, 혹은 방앗간이나 포도원에서 발생하는 수익의 일정

---

82 「교황 인노첸시오 3세의 가난의 특전」, 1-3,7, 『프란치스칸 삶과 사상』, 제3호, 1993년, 15-16.

부분이 주어지는 형태였다. 교회 당국자들도 수도원에 속한 수녀들의 숫자에 따라 각 수도원에 일정 수준의 예측 가능한 수익을 요구하는 관례도 있었다. 클라라는 그 모든 형태의 재산을 받는 것에서 제외되기를 요청하였는데, 이는 그리스도의 가난을 따르고자 하는 굳은 계획에 의한 것이었다. 여기서 기억해야 할 점은 클라라가 불과 22세의 나이에, 산 다미아노 공동체가 시작된 지 불과 3년 후에 이 급진적인 혁신을 교회 정책 안에서 요청했다는 점이다.

현대의 한 학자가 논하듯이, 인노첸시오 3세가 공포한 교황의 공식 문서는 상당히 주목할 만하다. 또한, 이 문서는 클라라 당대의 교회 법률가들에게 일종의 법적인 "괴물"로 보였을 것이 틀림없다.

이 "특전"은 자신의 삶 전체를 주님께 봉헌하기를 열렬히 갈망하던 몇몇 젊은 여성들이 그들의 재산을 팔아 그 수입을 가난한 이들에게 나누어 주기를 택하였던 [클라라의] 공동체 초기를 기억하게 한다. 이들은 가난하신 그리스도의 발자취를 따라 소유 없는 삶을 계획하였다. 이 문서에서 참으로 놀라운 부분은 가난을 법률적인 가치로 고려한다는 사실에 있다. 지금 우리가 다루는 이 문서는 짧은 법적인 "괴물"로서, 13세기 교회법 전문가들에게 상당히 놀라운 문서였음이 틀림없다. "가난의 특전(Privilegium paupertatis)"은 사실 그 어떤 특전도 없는 삶의 특전이다. 보장 없는 삶을 보장하는 특전이다. 이 특전은 교회의 최고 권위자인 교황이 배운 바 없는 평신도 남성의 손안에서 수도생활을 서약한 젊은 평신도 여성에게

직접 하사한 특전이다.[83]

클라라에게 있어서 산 다미아노의 여성 공동체가 살아가던 이 삶의 다름을 알아보도록 교황을 설득하는데 평생의 시간이 걸렸다. 그토록 오랫동안 기다리던 자매들의 독특한 삶의 양식에 대한 공적인 인준을 받았을 때, 클라라는 사실상 임종 침상에 누워 있었다. 클라라가 세상을 떠나기 이틀 전인 1253년 8월 9일, 교황 인노첸시오 4세는 산 다미아노 공동체 삶의 양식을 확인하면서 클라라가 손수 작성한 수도규칙을 공식적으로 인준하였다.

> 생애 끝 무렵에, 그녀는 모든 자매를 함께 불러 모은 후에 가난의 특전을 그들에게 맡겼다. 그녀의 가장 큰 바람은 교황 칙서로 인준된 수도회의 회칙을 갖는 것이었고, 어느 날엔가 교황 봉인에다 입을 맞춘 후 죽는 것이었다. 실로 그녀가 바란 대로 이루어졌다. 그녀는 한 형제가 교황 칙서가 포함된 편지를 들고 오는 것을 알게 되었다. 그녀는 죽음에 아주 가까이 있었지만, 그것을 존경을 다해 집어서 입을 맞추려고 그 봉인을 입에다 대고 눌렀다.[84]

이 특전을 고수하던 클라라의 끈기는 예수에게 있어서의 가난의

---

83   Bartoli, 73.
84   「클라라 시성 증언」, 3, 32.

중요성, 프란치스코와 형제들의 삶의 방식 안에서 예시되었던 그 가난의 중요성에 대한 그녀의 확신에 뿌리박고 있었다.

> 사실, 하느님의 아드님께서도 이 세상에 살아 계시던 동안 그 거룩한 가난에서 절대로 벗어나기를 원치 않으셨습니다. 그분의 발자취를(참조: 1베드 2,21) 따랐던 지극히 복되신 우리 사부 프란치스코께서도 살아 계시는 동안 당신 모범과 가르침으로 당신과 당신 형제들을 위해 택하신 거룩한 가난을 결코 벗어나지 않으셨습니다.[85]

프란치스코와 마찬가지로 클라라도 철학적인 이유나 실용적인 이유, 즉 삶을 더 생산적이거나 효율적으로 만들기 위하여 가난을 택한 것이 아니었다. 또한, 두 사람 모두 이 가난이 교회나 사회의 부유함에 대한 응답이라고 말하지도 않았다. 클라라와 프란치스코가 가졌던 관심의 초점은 하느님의 아드님이 피조물이 되는 가난을 껴안은 그 사유로운 선택 안에서 표현된 하느님의 비할 바 없는 자애와 사랑에 있었다. 아씨시의 이 두 제자가 가난을 포옹한 이유는 바로 그들이 사랑하던 그분이 그 가난을 껴안았기 때문이었다.

---

85 「클라라 유언」, 35.

가난, 영성, 논쟁: 영적인 형제들

보나벤투라는 자신이 형제회의 총봉사자로 재직하던 시절에 "영적인 형제들"로 불리던 프란치스칸 형제들의 개혁 운동을 정면으로 맞서야 했다. "영적인 형제들"이라는 명칭은 "수도규칙을 영적으로 실행하기"를 바라던 형제들에 관하여 서술하는 수도규칙의 문구에 기인한다. 이 문구에서 프란치스코는 권한 있는 형제들(봉사자들)에 대한 순종, 그리고 있을 수 있는 영혼에 반대되는 상황에 대하여 말한다. 아래가 그 중요한 문장이다.

> 그러므로 나는 그들에게 단호히 명합니다. 형제들은 주님께 지키기로 약속했고 영혼과 우리 수도규칙에 반대되지 않는 모든 일에서 자기 봉사자들에게 순종하십시오. 그리고 형제들은 어디에 있든지 수도규칙을 영적으로 실행할 수 없다는 것을 알게 되고 깨닫게 될 때, 자기 봉사자들에게 달려가야 하며 또한 달려갈 수 있습니다.[86]

교황들과 형제회 총회가 수년간 형제회 수도규칙을 해석하는 동안, 형제들의 학문 연구 및 다양한 형태의 안정된 사목 활동의 확장을 독려하기 위하여 가난 실행에 어느 정도 예외가 허용되었다. 이는 특히 도시에서 그러하였다. 큰 공동체와 점점 더 많은 도서관을 갖춘

---

86 「인준 규칙」, 10,3-4.

"새로운" 형태의 프란치스칸 공동체는 "수도규칙을 영적으로 실행할 수" 없다는 것을 느끼던 일부 형제들의 영혼을 혼란하게 하였다. 이 형제들이 봉사자들에게 도움을 청할 때면 오히려 질책을 받는 경우도 종종 발생하였다. 이들은 형제회가 은수처에서 생활하면서 손노동과 동냥으로 생계를 꾸려가는 작고 관상적인 형제들로 돌아가기를 원했다. 실제로 많은 "영적인 형제들"이 프랑스 남부와 이탈리아 중부의 은수처에서 살아갔다.

보나벤투라를 포함한 많은 프란치스칸들은 피오레의 요아킴의 예언을 묵상하면서 프란치스코를 성령의 "새로운 세기"의 도래를 알리는 예언적 인물로 이해하였다. 교회는 바로 이 "새로운 세기"에 쇄신되고 개혁되며, 프란치스칸 형제회가 그 중심 역할을 할 것으로 보았다. 일부 "영적인 형제들"은 이 묵상에서 한 걸음 더 나아가 극적이고도 묵시적인 영성을 추구하였다. "영적인 형제들"은 그러한 묵시적인 영성을 통하여 형제회와 교회 안에서 그들이 당하는 고통을 새로운 영적인 시대의 새벽을 기다리는 "뽑힌 이들"로서 그들의 특별한 역할을 확인해 주는 것이라고 믿었다(그리고 이들의 적은 새로운 시대가 오면 필시 "적그리스도"로 낙인 찍힐 것이라고 믿었다). 이러한 접근법의 뛰어난 사례가 바로 이탈리아 "영적인 형제들"의 수장이었던 안젤로 클라레노(+ 1337)가 작성한 『작은형제회의 일곱 고난의 역사(History of the Seven Tribulations of the Order of Minors)』이다.[87]

---

87   Alberto Ghinato (ed.), 『Chronicon seu Historia septem tribulationum ordinis

카살레의 우베르티노(Ubertino da Casale)

폴리뇨의 안젤라의 가르침에 깊은 영향을 받았던 작은 형제 우베르티노(+ 1330)는 베드로 요한 올리비(+ 1298)의 제자이기도 하였다. 올리비는 "영적인 형제들"의 위대한 스승 중 하나였다. 올리비와 우베르티노 모두 가난을 그리스도인의 완덕을 추구하는 데 있어 필수적인 것으로 강조하였고, 다른 "영적인 형제들"과 마찬가지로 피오레의 요아킴의 묵시적 영성을 경모하였다.

우베르티노는 『성하聖下(Sanctitas vestra)』라는 자신의 작품 서문에서 "영적인 형제들"이 생각하던 복음을 살아가는 프란치스칸 양식의 핵심 원칙을 말한다. 여기서 그는 특별히 "영적인 형제들"의 삶의 모범을 이 전통의 일곱 핵심 자질 중 하나로 제시한다.

> 이 삶은 가장 지고하고, 따라서 가장 평화로운 가난 안에서 지탱된다. 이 삶은 가장 순결한 단순성 안에서 지탱되므로 모든 교묘함과 교활함을 멀리한다. 이 삶은 티 없는 순수함 안에서 유지되므로 세상의 소음과 구별된다. 이 삶은 깊은 겸손 안에서 지탱되므로 거만함을 피하고, 고위직을 공경하는데 적대적인 그 어떤 것도 피한다. 이 삶은 부지런한 기도와 일 안에서 살아지므로, 혼란과 게으름과 탐욕과 속심을 막는다. 이 삶은 완벽한 애덕 안에서 지탱되므로 상

minorum』, Rome, Antonianum, 1959.

호 박해와 증오를 막아낸다. 이 삶은 다른 이에 대한 모범 안에서 유지되므로 소심한 이들과 속인에 대한 공격을 방지한다.[88]

그러나 "영적인 형제들"의 "가장 지고한, 따라서 가장 평화로운 가난"은 그리스도의 가난에 관한 위험할 정도로 이단적인 전망을 가지고 있는 것으로 보였다. 우베르티노도 자신의 견해로 인하여 형벌을 받기도 하였다. 그가 받은 형벌은 라 베르나로 추방당하는 것이었는데, 그곳에서 우베르티노는 『십자가에 못 박히신 예수의 생명의 나무(Arbor vitae crucifixae Iesu)』라는 걸작을 집필하였다.[89] 그는 교회 당국의 처벌에 따른 유배 생활이라는 처지 안에서 십자가에 대한 묵상에 몰두하였다. 여기서 십자가는 고통의 상징이 아닌 생명을 주는 나무로 묵상 되었다.

『생명의 나무』라는 책은 긴 우화를 통하여 예수의 생애와 고통과 죽음을 생명의 나무의 몸통과 가지와 열매에 비유한다. 또한, 예수의 생애, 즉 사랑으로 촉발된 고통과 구원을 위한 움직이는 힘으로서의 그 사랑 자체에 관한 내용도 담고 있다. 우베르티노는 요아킴의 사상을 따라 당대의 부정하고 "육적인" 교회가 구원 역사의 여섯째 "상태"의 마지막을 지난 후, 바야흐로 이 생명의 나무로 돌아올 것

---

88 재인용: Nimmo, 95-96.
89 C. T. Davis (ed.), Turin: Bottega di Erasmo, 1961, reproduction of the 1485 Venetian edition.

이라고 예언하였다. 프란치스코가 바로 그 시기, 영적 쇄신의 시기를 개시하였으며, 이 시기는 "가난 부인"을 껴안은 프란치스코의 참된 제자들(영적인 형제들)의 업적 안에서 계속된다고 설명한다. 다음의 요한 묵시록의 환시가 우베르티노에게 하나의 참조점을 제공하였다. "나는 또 다른 한 천사가 살아 계신 하느님의 인장을 가지고 해 돋는 쪽에서 올라오는 것을 보았습니다"(묵시 7,2).

> 이제 외적 증인뿐만 아니라 자신의 가장 완벽한 삶으로 여섯째 인장의 천사로 선포된 프란치스코의 완전함으로 돌아가자. 프란치스코는 해 돋는 쪽에서 올라온다. 그는 그리스도의 삶을 모범 삼아, 자신의 거룩한 삶의 양식 안에서 언제나 그리스도의 인간적 덕에서 솟아올라 온다. 프란치스코는 또한 살아 있는 하느님의 표지를 탁월하게 지니고 있다. 이는 십자가에 못 박히신 분의 상처의 표지를 몸에 지닐 만한 그의 훌륭한 삶에 기인한 것이다. 프란치스코는 그리스도의 생명으로 독특하게 빛난다. 이는 그의 복음 실행, 즉 십자가에 못 박힘, 심원한 겸손함, 극도의 가난, 불타는 애덕, 구원에 대한 갈망, 십자가의 고통, 자비로운 겸손, 죄인과 고통받는 이들에 대한 동정 등에서 명확히 드러난다.[90]

---

90 『Arbor vitae』, V, Cap, iii, col. 423; cf. 『Mistici Francescani』 II, 663-664.

요한 묵시록에서는 이 천사('여섯째' 천사로 확인되지는 않는다)가 뽑힌 이들에게 구원의 인장을 찍겠다고 외친다(묵시 7,3-8). 그러나 "여섯째" 천사는 사람의 삼 분의 일을 죽인 재앙을 쫓아내려고 그의 나팔을 분다(묵시 9,13-19). 이는 구원을 거부한 이들에게 가해질 형벌에 대한 예언으로 이해되었다(따라서 이 예언은 우베르티노의 반대자들에 대한 우베르티노의 경고였다).

『생명의 나무』는 교회 내 적그리스도에 대한 맹비난과 함께 당시의 논쟁, 특히 "영적인 형제들"과 교황 보니파시오 8세 사이의 싸움을 그대로 반영한다. 다른 교황들(베네딕토 11세, 클레멘스 5세, 요한 22세)은 이 급진적인 프란치스칸 형제들에게 종교 재판관을 파견하였다. "영적인 형제들"의 개혁 운동은 교황 요한 22세에게서 그 종말을 맞는다. 구속과 파문의 형벌 이후에도 끝까지 순종하기를 거부한 마지막 네 명의 "영적인 형제들"은 1318년 5월 7일에 마르세유의 장터 광장에서 산 채로 화형에 처해졌다.

14세기 중반 무렵, 프란치스칸 전통 안에서의 가난의 의미가 극적으로 변하였다. 프란치스코와 클라라에게 가난은 **소유 없는** 삶에 대한 갈망이었으나, "영적인 형제들"은 부패하고 부유한 교회 기득권층에게 임박한 격변의 관념으로 가득 찬 하나의 묵시적 표지로 그 가난을 변모시켰다.

그러나 당시 일부 "영적인 형제들"의 과도함에도 불구하고, 오늘날 우리는 이 "혁명적인 영적인 형제들"이 프란치스칸 전통에 기여한 중요한 업적을 보기 시작하였다. "영적인 형제들"은 프란치스코의 글 전체를 잘 알고 있었고, 초기 프란치스칸 운동에 관한 구술 및 문서 전승을 소중하게 간직하였다. 이들 중 일부 전승은 『완덕의 거울』과 『성 프란치스코의 잔꽃송이』 등의 작품에 잘 드러나 있다(물론 이 작품들은 "영적인 형제들"의 선입관으로 채색되어 있다). 또한, "영적인 형제들"이 엄격하게 강조하였던 은수처 삶이라는 초기 프란치스칸 생활양식은 이후 오랫동안 가난과 관상의 실행이 부활할 수 있도록 도왔다. 이 부활에는 15세기의 준수(遵守)주의(Observantes) 개혁 운동과 기도의 집(retiros) 운동 및 16세기의 카푸친 개혁도 포함된다. 이러한 개혁의 무리는 결과적으로 중요한 프란치스칸 신비가들과 영성 작가들, 대중 신심 방식의 발전, 그리고 기도와 묵상 및 관상 체계의 발전에 적합한 환경을 제공하였다.

제4장
주님께서 나를 그들 가운데로 이끄셨습니다

프란치스코는 "감미로움(혹은 단맛)"이라는 단어를 사용하여 하느님을 표현한다. "당신은 우리의 모든 감미로움이시나이다", 하느님은 "감미로우신 분"이다.[91] 또한, 프란치스코는 「유언」에서 하느님 현존을 음미하였던 이 단맛의 첫 체험에 관하여 다음과 같이 말한다.

> 죄 중에 있었기에 나에게는 나병 환자들을 보는 것이 쓰디쓴 일이었습니다. 그런데 주님 친히 나를 그들 가운데로 이끄셨고 나는 그들과 함께 지내면서 자비를 실행하였습니다. 그리고 내가 그들에게서 떠나올 무렵에는 나에게 쓴맛이었던 바로 그것이 도리어 몸과 마음의 단맛으로 변했습니다.[92]

---

91 「하느님 찬미」, 15; 「비인준 규칙」, 23,9.
92 「유언」, 1-3.

과거에 아씨시 시장이었던 아르날도 포르티니Arnaldo Fortini는 시 문서고에서 프란치스코 당대 한센인의 생활에 관한 자료를 수집하여 문서로 정리한 바 있다. 이 문서에 따르면 프란치스코 당대의 도시 관계자들은 한 명의 사제와 함께 정기적으로 집집마다 돌아다니면서 한센인 표식이 있는 시민들을 조사하였다. 피부 위에 생긴 하얀 반점이 곧 전염되었다는 증거였다. 만약 그러한 증상이 나타나면 그의 모든 인생은 끝나는 것이었다. 전염이 확인된 레브로소(lebbroso, 한센인)는 가정과 집, 재산과 보호 등 그 모든 것을 떠나 산 라자로 델 라르체San Lazzaro dell'Arce 요양 병원에 "격리"되어야 했다. 산 라자로 델라크레는 도시 외곽의 평원 아래에 있는 나병 요양소였는데, "포르치운쿨라"라는 오래된 작은 경당 근처에 있었다. 라자로에게 봉헌된 이 요양소의 이름은 예수가 죽음에서 다시 일으킨 라자로(요한 11)와 부자의 식탁에서 떨어지는 것으로 배를 채우기를 간절히 바라던 "가난한 종기투성이" 라자로(루카 16,19-31) 모두를 환기하는 것이었다.

나균에 감염된 남녀는 연령이나 사회적 지위와 관계없이 모두 장례 행렬과 유사한 행렬을 통하여 계곡에 위치한 "마지막 안식처"로 걸어갔다. 사제는 요양소 경당에서 이들에게 인근의 공동묘지에서 가져온 먼지를 뿌리며 일종의 장례 예식을 거행하였다. 또한, 사제는 하느님께서 이들에게 자비로울 것이고, 교회도 이들을 위하여 기도할 것이며, 시민의 애덕이 이들의 생계를 지원할 것이라고 약속하면서 이들이 "세상에 대해 죽었음"을 선언하였다(환자들의 재산은 도시가 몰수하여 나병 요양소를 지원하기 위한 기부금으로 사용하였다).

나환자들은 잿빛 색상의 구분되는 의복을 착용해야 했고, 타인에게 자신의 존재를 알리기 위해 나무로 만든 딱딱이를 사용해야 했다. 이 나무 딱딱이는 성금요일에 성당에서 종을 대신하여 사용하는 것과 유사한 것이었다. 이들은 자기 그릇에 담기지 않은 음식에는 절대 손댈 수 없었다. 또한, 시내, 우물, 식수대 등의 물도 스스로 길어 올릴 수 없었다. 심지어 타인이 바람이 불어오는 쪽에 서지 않는 한, 다른 이와의 대화도 금지되었다. 감염에 대한 두려움이 너무나도 컸기에 출입 제한 시간에 도시 성벽 내에서 발견되는 나환자는 현장에서 즉시 죽일 수도 있었다. 이러한 행동에는 처벌이 따르지 않았다.[93]

프란치스코의 나환자 가운데에서의 하느님 체험

생애 말엽의 프란치스코는 자기 생애 20년 전에 있었던 사건을 다음과 같이 회상한다. "내가 그들에게서 떠나올 무렵에는 나에게 쓴맛이었던 바로 그것이 도리어 몸과 마음의 단맛으로 변했습니다." 프란치스코는 나환자들과 함께함, 그리고 그들을 위하여 일함을 묘사하기 위하여 하느님의 현존에 "단맛"이라는 단어를 사용한다. 프란치스코가 그렇게 말했던 이유는 그가 나환자들 가운데 머물면서 하느님의 특징을 체험하였기 때문이었다. 하느님은 예수 안에서 다

---

93 Fortini, chap 6.

른 이의 자선과 보호에 기대며 당신의 모든 "재산", 심지어 당신의 거룩한 지위마저 포기하는 분으로 체험되었다. 그리스도는 가난한 이들 가운데에서 태어났으며, 그의 생애와 여정은 보잘것없는 이들 가운데서 이루어졌고, 수난과 죽음은 가까운 동료나 친척마저도 피하는 발가벗겨진 것이었다. 한센인들은 겸손하고 가난한 사랑꾼이신 하느님의 "의미를 지닌" 특별한 사람들, 즉 "형제 그리스도인"이었다. 이를 통하여 우리는 아래에 서술되는 프란치스코의 글도 이해할 수 있겠다.

> 그리고 천한 사람들과 멸시받는 사람들 가운데에서, 또한 가난한 사람들과 힘없는 사람들, 병자들과 나병 환자들, 그리고 길가에서 구걸하는 사람들 가운데에서 살 때 기뻐해야 합니다. 그리고 필요하면 동냥하러 다닐 것입니다. 모든 형제들은 부끄러워하지 말고, 오히려 전능하시고 "살아 계신 하느님의 아들" 우리 주 "예수 그리스도"(요한 11,27)께서 "차돌처럼 당신 얼굴빛 변치 않으셨고"(이사 50,7) 부끄러워하지 않으셨다는 것을 기억할 것입니다. 또한, 주님 자신도 복되신 동정녀도 제자들도 가난하셨고 나그네이셨으며 동냥으로 사셨습니다.[94]

---

94 「비인준 규칙」, 9,2-5.

그러한 사람들 가운데서 살아간다는 것은 곧 예수의 공동체에서 살아가는 것을 의미하는 것이었으므로 나병에 감염된 길가의 사람들과 함께 살아간다는 것은 프란치스코에게 특히나 소중한 것이었다.

한센인들에 대한 봉사는 형제들의 첫 번째 임무였고, 나병 요양소는 형제들에게 쉼터를 제공하였다. 프란치스코는 여행할 때 다음에 서술되는 바와 같이 여행 길에 있는 나환자들을 방문하곤 하였다. "한번은 그가 당나귀를 타고 보르고 산 세폴크로를 지나야 했었다. 그가 어느 나환자들의 집에서 잠시 쉬기를 원했기 때문에…."[95]

예수의 발자취를 따름

프란치스코는 나환자를 돌보는 일을 통하여 복음에서 배워 익힌 예수의 모범을 따랐다. 예수는 광야에서 물러남의 시간을 끝낸 후 사람들에게 회개와 보속과 삶이 변화를 외쳤다. 예수는 이렇게 하느님에게로 돌아섬의 효과를 보여주기 위하여 이적을 행하였다. 즉, 육체적 질병과 정신적 질환을 앓는 이들을 치료하였던 것이다(마태 4,23-24). 마태오 복음 사가는 이후 구절에서 다음과 같이 기록한다. "예수님께서 산에서 내려오시자 많은 군중이 그분을 따랐다. 그때에 어떤 나병 환자가 다가와 예수님께 엎드려 절하며 이렇게 말하였다. '주

---

95 『2첼라노』, 98.

님! 주님께서는 하고자 하시면 저를 깨끗하게 하실 수 있습니다.' 예수님께서 손을 내밀어 그에게 대시며 말씀하셨다. '내가 하고자 하니 깨끗하게 되어라.' 그러자 곧 그의 나병이 깨끗이 나았다"(마태 8,1-3).

나환자들의 특별한 위치는 프란치스코가 나환자들과 관련하여 만든 규정에서도 잘 드러난다. 심지어 수도규칙에도 이 예외 조항이 나타나고 있다. 프란치스코는 돈을 받는 것을 엄격하게 금했지만, 오직 한 종류의 사람들, 즉 나환자들을 위한 특별한 규정을 다음과 같이 만들었다. "그러나 형제들은 나병 환자들 때문에 꼭 필요한 경우에 그들을 위하여 동냥을 청할 수 있습니다."[96] 프란치스코는 병자들, 구걸하는 사람들, 나환자들을 "예수의 동료들"의 명단에 올리고 이들을 주 예수 그리스도, 동정녀 마리아, 제자들과 함께 동냥으로 사는 이들에 포함한다. 따라서 형제들은 그러한 사람들과 함께 있을 때 "기뻐해야" 하는 것이다.

프란치스코의 글에는 "가서 나의 집을 수리해다오"라는 산 다미아노 십자가의 음성에 관한 이야기가 나오지 않는다. 또한, 자신의 몸에 새겨진 표식(오상)에 대해서도 전혀 언급하지 않는다. 사람들은 프란치스코의 오상을 그리스도의 수난에 대한 그의 깊은 동정심과 연결지어 생각하였다. 그러나 프란치스코는 복음적 삶의 방식으로 돌아섰던 자신의 회개 맥락에서 나병 환자를 이야기한다. 이 이야기는 곧 나병 환자들과 "함께 있음"과 그들을 돌보던 구체적인 체험에

---

96 「비인준 규칙」, 8,10.

관한 것이었다. 여기서 그는 그리스도의 몸의 고통받는 지체들을 발견하였고, 이 체험을 시작으로 그리스도의 수난에 참여하였다.

아씨시의 나환자 요양소는 이미 회개자들이 돌보고 있었고, 이들은 당시에 만연한 두려움이었던 감염의 위험을 감수하였다. 프란치스코도 역시 이 회개자들의 형제자매 한가운데에서 "자비를 베풀었을 것"이다. "나병 환자들 가운데"로 가는 것은 곧 "이 세상에 대하여 죽은" 것으로 여겨지던 이들을 위하여 위험을 감수한다는 것을 의미하였다. 프란치스코는 생애 말엽에 다수의 질병에 시달리는데, 그것이 한센병의 피부 종양에서 감염된 것일 수 있다는 근거가 제기될 수도 있겠다. 프란치스코의 생애 동안, 혹은 그 시점에서 얼마 지나지 않은 시기에 아씨시 외곽 산 라자로 델 발론첼로San Lazzaro del Valloncello에 나병에 걸린 작은 형제들을 위한 요양소도 설립되었다.[97]

초기 프란치스칸 사료에서의 나병

토마스 첼라노는 『1첼라노』에서 프란치스코가 어떻게 "나환자들에게 가서", "하느님을 위해 성의를 다하여 시중들면서 함께" 살았는지를 다음과 같이 묘사한다. 프란치스코는 "온갖 썩은 곳을 씻어주며 상처와 고름도 깨끗이 닦아 주었으니, 자신의 유언에서 말한

---

97 「Lebbroso」, 『Dizionario Francescano』, Padua, Messaggero, 1983, col. 851.

대로였다."[98] 게다가 생애 말엽에도 처음의 열정으로 돌아가기 위하여 나환자들 가운데로 돌아가기를 원하였다.[99]

토마스 첼라노가 20년 후에 정리한 프란치스코에 관한 두 번째 이야기 모음집에서는 이 나환자에 대한 강조가 기적적인 사건으로 변화되었다. 여기서 토마스는 나병 요양소에서의 육체노동을 강조하기보다는 아씨시 아래쪽 평원에서 프란치스코가 만난 한 명의 나환자 이야기를 전한다. 이 이야기가 바로 프란치스코가 나병 환자에게 입을 맞추는 그 유명한 장면이다. 이 이야기에서 프란치스코는 나병 환자에게 친구하고 약간의 돈을 쥐여준 뒤 다시 말에 오른다. 말에 오른 프란치스코는 주위를 두리번거렸지만 "평지만 있고 사방이 트여 숨을 만한 곳이 없었는데도" 그 나환자를 찾아볼 수 없었다.[100]

여기서 우리는 토마스 첼라노가 『2첼라노』를 작성했던 1240년대에는 한센병 환자들을 돌보는 일이 더는 형제들의 주된 일이 아니었음을 알 수 있다. 이러한 정황은 『2첼라노』에 묘사된 나환자 체험이 초기 프란치스칸 운동의 특징이었던 구체적이고 일상적인 나환자들과의 접촉에서 하나의 기적적인 행적의 강조로 변화된 것에 대한 이해를 제공한다고 하겠다.

98　『1첼라노』, 17.
99　『1첼라노』, 103.
100　『2첼라노』, 9.

보나벤투라가 프란치스코의 『대전기』를 작성하였던 1260년대에는 나병 환자들을 돌보는 일의 중요성이 더욱더 감소하였다. 보나벤투라는 위에서 언급한 첼라노의 묘사, 즉 프란치스코가 나환자를 만나고 곧 그 나환자가 사라져버린 장면을 서술하면서 이 전체 이야기를 수덕 실행의 차원으로 묘사하고 만다. 프란치스코는 자신의 완전함에 대한 갈망을 실현하기 위하여, 또한 "그리스도 예수님의 군사"(2티모 2,3)가 되기 위하여, 우선 "자기 자신을 극복해야" 했다. 프란치스코는 바로 이런 이유로 나병 환자에게 돈을 쥐여준 뒤 그에게 입을 맞추었다. 그 후 그 환자는 자취도 없이 사라졌다.[101]

『페루자 전기』에는 초기 프란치스칸 운동의 "좋았던 옛 시절"의 기억이 담겨있다. 『아씨시 편집본』이라고도 불리는 이 사료는 보나벤투라가 작성한 창설자의 "공식" 전기에 하나의 대안을 제공하기 위하여 의도된 것으로 보인다. 이 글에서는 일상의 영성 체험 안에서의 나환자들의 역할과 그들이 형제들과 함께하던 관상이 두드러진 중요성을 갖는다. 『페루자 전기』가 뽀르지운쿨라의 삶에 관하여 묘사하는 바와 같이, 나환자들은 포르치운쿨라를 상당히 편하게 여겼던 것으로 보인다. 프란치스코는 포르치운쿨라를 관상 생활의 장소로 여기고 있었다. 야고보 형제는 병원에서 "성 마리아 성당에 올 때 자주 나환자 몇몇을 데려왔다." 왜냐하면 "당시 형제들은 나병

---

101 『대전기』, 1,5.

요양원들에서 봉사하곤" 했기 때문이었다.[102] 이 "형제 그리스도인들"(프란치스코는 나병 환자들을 그렇게 부르곤 했다)은 프란치스코와 형제들의 프란치스칸 은수처의 원형에 해당하는 삶에 함께 참여했던 것이다. "이곳은 그 자체로 거룩한 곳이지만 형제들은 밤낮으로 지속적인 기도와 엄격한 침묵으로 그 거룩함을 보존했다."[103] 프란치스칸 관상 전통은 바로 이러한 특정한 맥락에서 시작되었다. 즉, "형제자매 그리스도인" 중 괄시받고 두려움을 자아내는 이들 가운데에서, 도시 중심부의 바깥에 위치한 사회 변두리라는 맥락에서 시작되었던 것이다.

자노의 조르다노(Jordano of Giano)는 1260년대에 작성한 『연대기』에서 초기 형제체에서의 나병 환자의 중요성을 자주 언급한다. 나병 환자들의 거처는 형제들의 만남의 장소요 숙소였다. 일부 형제들은 프란치스코의 제자들과 나환자들을 동일시하기도 했는데, 조르다노는 그것을 과도한 것으로 여겼다. 조르다노는 프란치스코가 중동으로 떠나 있을 동안 있었던 나병 환자들의 수도 공동체 설립에 관한 이야기를 다음과 같이 언급한다.

> 이와 마찬가지로 캄펠로의 요한 형제는 많은 남녀 나환자를 모아 수도회를 떠나 새로운 수도회를 창설하려 했다. 그는 규칙을 하나

---

102 『아씨시 편집본』, 22.
103 『아씨시 편집본』, 9.

써서 추종자들과 함께 교황청에 인가를 받으려고 제출했다.[104]

캄펠로의 요한 형제의 계획에 대한 조르다노 형제의 반대는 나병환자들의 삶을 함께 나누는 문제에 있었다기보다는 형제회를 떠나서 로마 교황청에 증서를 신청했다는 데에 있는 것으로 보인다. 로마 교황청에 어떠한 증서를 신청하는 것은 프란치스코가 「유언」에서 명확하게 금하던 바였다.[105]

1223년 혹은 1224년, 독일 형제들의 첫 총회가 "복되신 동정 마리아의 탄생 축일에 스피라의 성 밖 나환자 마을에서" 개최되었다.[106] 조르다노 형제는 에르푸르트Erfurt에서의 프란치스칸 현존을 시작하기 위하여 한 무리의 형제들과 함께 그곳으로 여행하였다. 이들은 11월에 에르푸르트에 도착하였는데, "때는 겨울이고 공사할 계절이 아니어서" 형제들은 "성 밖에 있는 나환자 담당 사제의 집에" 머물렀다.[107]

조르다노처럼 연로한 형제들은 형제회의 초기 시절을 되돌아보곤 하였다. 이들은 프란치스칸 전통의 기원이 되는 초기 체험의 커다란 맥락이 나환자들과 함께 공동체를 이루는 체험이었음을 분명

---

104 『자노 조르다노의 연대기』, 13.
105 「유언」, 25.
106 『자노 조르다노의 연대기』, 33.
107 『자노 조르다노의 연대기』, 39.

하게 기억하고 있었다. 형제들의 모임, 형제들의 기도 장소, 형제들의 생활 공간 등 그 모든 것이 그들의 "형제 그리스도인"인 나환자들과 함께 하는 것이었다. 그러나 이 역시 과거를 되돌아보는 일종의 향수병과 같은 것이었고, 조르다노의 경우 40년 전의 시간을 되돌아보는 것이었다. 형제들의 생활이 나병 요양소에서 일하고 살아가던 형태에서 커다란 도시 성당의 형태로 대치되자, 형제회 초기 체험은 공경할 만 하지만 반드시 꼭 그대로 실행할 필요는 없는 영성적인 영웅담의 사례로 점차 변하였다.

그러나 나환자들을 돌봄이라는 전통이 완전히 잊힌 것은 아니었다. 작은 형제들은 새로운 형태의 생활과 활동에 착수하였지만, 회개의 형제자매들은 나병이나 다른 환자들을 위한 요양소에서 환자들을 돌보는 그들의 역할을 확대해 갔다. 13세기 말엽, 프란치스코의 모범을 따르던 프란치스칸 회개자들은 환자들의 고통 안에서 그리스도의 현존을 발견하면서 환자들에 대한 그들의 봉사를 프란치스칸 영성의 매우 중요한 표현으로 이루어 내었다.

폴리뇨의 안젤라와 나병의 성찬례

이러한 영성을 표현한 이야기 중 가장 인상적인 이야기는 안젤라의 자서전적인 글인 『회상록』을 통해 전해진다. 안젤라는 아마도 1292년의 성목요일에 있었던 체험을 이야기하는데, 이 체험은 폴리뇨 성 밖에 위치한 코르시아노의 산 라자로(San Lazzaro di Corsiano) 나환자 요양소에서 있었던 것으로 보인다. 이 이야기에 나타나는 전체 사건은 안젤라의 생생한 언어로 여기에 그대로 옮길 만하다.

나는 세족 목요일에 내 동료에게 그리스도를 찾으러 밖으로 나가자고 제안하였다. 나는 그녀에게 "요양 병원으로 가자. 가난하고 고통 받고 괴로워하는 이들 가운데에서 그리스도를 찾을 수 있을지도 모른다"라고 말했다. 우리는 머릿수건 외에는 그 어떤 것도 가진 것이 없었기에, 두 사람 모두 우리가 가져갈 수 있는 만큼의 머릿수건을 챙겨 나갔다. 우리는 요양 병원의 봉사자 질리올라Gililola에게 그 머릿수건을 팔아 병원에 있는 이들이 먹을만한 음식을 사라고 말하였다. 질리올라는 처음에 우리의 요청을 강하게 반대하였고, 우리가 그녀를 부끄럽게 한다고 말하였지만, 결국 우리의 계속된 고집으로 그녀는 우리의 작은 머릿수건들을 팔아 약간의 생선을 샀다. 우리는 또한 우리 생계를 위해 주어진 빵을 모두 가지고 갔다.

 우리는 우리가 가진 모든 것을 나누어 준 후, 여자들의 발과 남자들의 손을 씻겼다. 특별히 우리는 상처가 곪고 부패가 심한 한 환자의 발을 씻었다. 그리고 우리는 우리가 씻은 그 환자의 물을 마셨다. 그 물은 너무나 달콤해서 집으로 돌아오는 동안 내내 우리는 그 달콤함을 맛보았고, 그것은 마치 성체를 받아 모신 것과 같았다. 그 나환자의 상처에서 나온 작은 조각이 내 목에 걸리자, 나는 그것을 삼키려고 노력하였다. 내 양심은 그것을 뱉어내지 못하게 하였다. 이

는 마치 내가 거룩한 성체를 받아 모시는 것과 같은 것이었다.[108]

이 이야기는 상당히 충격적으로 들리지만, 프란치스코의 「유언」에 표현된 깊은 직관을 바로 그 「유언」이 암시하는바, 즉 하느님 현존의 깨달음인 "쓴맛"에서 "단맛"으로의 변화를 구체적인 행동으로 옮긴 것이라고 하겠다.

14세기에 한센병의 확산이 누그러들기는 하였지만, 이는 단지 흑사병이라는 재앙으로 대체될 뿐이었다. 이에 남녀 프란치스칸들의 관심 역시 이 새로운 전염병으로 옮겨갔다. 병자들을 돌봄이라는 전통이 프란치스칸 전통의 핵심적인 요소로 살아있던 것은 후대에 이어지는 회개의 형제자매들의 대단한 공덕 때문이었다. 이들은 병자들을 위한 요양소와 공동체의 설립을 통하여 그 전통을 이어갔는데, 이러한 요양소와 공동체는 많은 프란치스칸 수도 3회의 기원이 되었다.[109]

나병과 해방

레오나르도 보프Leonardo Boff는 라틴 아메리카의 해방 신학이라

---

108 Lechance, 162-163.
109 이에 관해서는 다음을 참조하라: 『The Franciscans』, chap 4, 'Brothers and Sisters of Penance', 87-89.

는 맥락 안에서 나환자에 대한 프란치스코의 "함께 하는 수난(compassion)"의 중요성을 회복하는 방법을 지적한 바 있다. 보프는 "가난한 이들과 시작하는 독서(a reading beginning with the poor)"라는 부제가 붙은 자신의 저서 『성 프란치스코: 인간 해방의 모범(Saint Francis: A Model for Liberation)』[110]에서 프란치스코의 이야기를 오늘날 전 지구적 빈곤이라는 맥락에서 읽도록 새로운 방법을 제안한다.

보프가 이해하는 프란치스코는 단지 가난한 이들과 "함께" 혹은 그들을 "위하여" 살아가는 데서 멈추지 않았고, 당대의 나환자들과 "길가에 버려진" 이들 가운데에서 가난한 사람"으로서" 살아갔다. 이들의 고통을 나누는 능력, 즉 프란치스코가 가졌던 "함께 하는 수난"이라는 위대한 선물은 부드러움과 강인함 모두를 필요로 하는데, 프란치스코는 이 부드러움과 강인함을 그리스도 안에서, 하느님의 수난 안에서 발견하였다.[111]

가난한 이들의 관점에서 프란치스칸 원천 사료들을 진중하게 읽는다면 프란치스칸 영성의 기원에 깊이 새겨진 그 "사라진" 질병이 본래의 중심적인 위치로 회복될 수 있을 것이다. 이 기억을 오늘날 재발견한다는 것은 한센병을 넘어 그 의미를 확장한다는 것을 뜻한

---

110   John W. Diercksmeier (tr.), New York, Crossraod, 1982. 원본 정보는 다음과 같다: 『São Francisco de Assis: ternura e vigor. Uma leitura a patir dos pobres』, Coleçâo Cefepal, 15, Petrópolis RJ, Vozes/Cefepal, 1981.
111   이 내용에 관해서는 억압받는 자들의 해방에 대한 프란치스코의 기여를 다루는 3장을 참조하라.

다. 오늘날 한센병은 많은 지역에서 여전히 심각한 위협으로 남아있긴 하지만, 이제는 치료 가능한 병이 되었다. 오늘날 인체 면역 결핍 바이러스(Human Immuno-deficiency Virus)와 자기 면역 결핍 증후군(Auto-Immune Deficiency Syndrome)은 전 세계인들의 건강을 위협하며 많은 이의 죽음을 초래하고 있다. 이러한 상황은 13세기 한센병과 마찬가지로 오늘날에도 공포와 비난의 태도를 유발하고 있다. 오늘날 일부 프란치스칸들은 HIV와 AIDS에 걸린 환자들 가운데에서 살아가며 프란치스코가 늘 하느님 현존의 부정할 수 없는 표지로 여겼던 "단맛"을 체험하고 있다.

제5장
기도와 헌신의 영

프란치스코와 그의 동료들은 설교, 노동, 여행을 기도와 통합하며 예수의 "발자취를 따랐다." 이들은 매일 전례 기도 시간을 따로 빼 두었고, 사회와 도시 환경을 떠나 은수처에서 홀로 기도하는 시간을 가졌다. 이 장(章)에서는 프란치스칸 전통 안에서 "영적 수행"으로 여겨지는 기도 활동의 일부를 살펴보고자 한다.

그러나 "영적 수행"이라는 단어는 조심스럽게 사용해야 하는데, 이 단어가 프란치스칸 전통의 "물질적" 측면(노동, 여행, 관계)과 "영적인 측면"(기도 혹은 묵상의 실행)을 양분하는 논리를 제공할 수도 있기 때문이다. 그러나 우리가 프란치스칸 전통을 논의하는 이 시점에서는 그러한 구분이 인위적인 것으로 보이길 희망하고, 사실 그러한 구분은 인위적인 것이라 할 수 있다. 기도와 관상으로 이루어진 은수처의 삶은 프란치스코와 클라라 및 그들의 동료들이 살아갔던 "충만한 복음적" 영성의 일부, 단지 한 부분일 뿐이다.

프란치스코는 기도나 관상의 기법을 발전시키거나 가르치는 분야에 있어 영성사에서 그리 주목할 만한 사람은 아니다. 그가 선호하던 구절에서는 기도에 대한 기본적인 태도, 즉 "기도와 헌신의 영"을 갖는 것, "주님의 영과 그 영의 거룩한 활동을" 갈망하는 태도를 생활의 근본적인 조건으로 묘사한다.[112] 이 영을 간직하는 것이 신학 연구를 포함한 모든 종류의 일과 관심사보다 우선한다.[113] 그러나 그것이 곧 기도의 실행과 같은 것을 의미하지는 않았다. 왜냐하면, 누군가는 "많은 기도"를 바치겠지만, 다른 이들로부터 비난받을 때 쉽게 화를 내기도 하기 때문이다. 이런 사람들은 참으로 "영으로 가난한" 사람들이 아니다. "영으로 가난함"이야말로 모든 진실한 기도의 요구조건이라 할 수 있다.[114]

함께 기도함

초기 프란치스칸 기도의 일간 일정과 연간 일정을 재구성한다면 "기도와 헌신의 영"이 어떻게 구체적으로 표현되었는지를 볼 수 있을 것이다. 초기 프란치스칸 공동체는 사실 구송 기도와 관상 기도를 체계적으로 구별하지 않았고, 개인 기도와 공동 기도 또한 그렇게 구분하지도 않았다. 이 모든 기도는 형제들의 일간 및 연간 기도 일정 전체에 걸쳐 기도와 헌신이라는 기본 구조 안에 함께 엮여 있었다.

---

112 「인준 규칙」, 5,2; 10,8.
113 「안토니오 편지」, 2.
114 「권고」, 14.

공동 기도는 전체 기도 일정의 상당한 부분을 차지하고 있었다.

형제들은 매일 시간경을 바쳤다. 수도규칙은 성직 형제이건 평형제이건 모든 형제가 성무일도를 바칠 것을 명하고 있다. 라틴어를 읽을 줄 아는 형제들, 즉 성직 형제들은 성무일도서를 가질 수 있었다. 그러나 글을 읽을 줄 모르는 평형제들은 글을 읽을 줄 아는 형제들이 시편을 낭송하는 동안 "주님의 기도"를 바쳤다.[115] 프란치스코는 「은수처 규칙」에서 다음과 같은 방법으로 성무일도를 바칠 것을 조언한다. 해가 진 다음 끝기도, 밤기도(아마도 아침기도를 포함했을 것으로 보이며, 일반적으로 새벽 이른 시간에 거행되었다), 일시경, 삼시경, 육시경, 구시경 및 "적절한 시간에" 저녁 기도 등 주간에 드리는 성무일도.[116] 이러한 성무일도를 거행하는 데에만 매일 최소 몇 시간이 소요되었을 것이다. 성무일도는 필시 단조로운 선율의 형태로 거행되었을 것으로 보인다. 왜냐하면, 프란치스코는 형제들 모두가 음률보다는 기도에 더 집중해야 한다고 강조하였기 때문이다(그 당시에도 지금처럼 음률을 맞추지 못하는 형제들이 있었을 것이다). 이러한 강조는 마음의 성실함("기도의 영")과 더불어 전례적 단순함을 강조하는 것이었다. 형제들은 로마 교황청 성직자들이 사용하던 간략한 휴대용 성무일도서를 사용하였다. 당시 대수도원 성무일도서는 여러 권의 책으로 구성되어 있었고 노래 형태도 복잡하였다. 토마스 첼라노는 프란치스코가 여행할 때

---

115 「인준 규칙」, 3,1-3.
116 「은수처 규칙」, 3-6.

도 동료 형제들과 성무일도를 바치기 위하여 자주 멈춰 섰다고 기록한다. 또한, 그는 성무일도를 함께 거행하기 위하여 언제나 글을 읽을 줄 아는 "성직" 형제와 함께하기를 원했다. 나아가 형제들은 간략한 로마 성무일도서를 보완하기 위하여 프란치스코가 직접 작성한 「주님의 수난 성무일도」를 바쳤다.[117] 프란치스코가 형제들을 위하여 작성한 다른 기도문들 역시 형제들의 기도에 종종 포함되곤 하였다. 예를 들어, 다음의 기도 문구가 포함된 「시간경마다 바치는 찬미」가 그러하였다. "모든 선이시고 으뜸선이시고 온전한 선이시며, 홀로 선하신 당신께…"[118]

그런데 언뜻 보면 프란치스코가 이 자세한 기도 일정에 성찬례를 언급하지 않는 것이 이상해 보일 수도 있겠다. 그러나 작은 형제들의 초기 형제체가 시작될 무렵에는 사제 형제들을 포함하지 않는 평형제들의 무리였음을 고려한다면 이해할 만하다. 초기 형제체는 라틴어를 읽는 능력에 따라 "성직 형제(cleric)"와 "평형제(lay)"로 나뉘었다. 초기 형제들은 미사에 참석하기 위해서 가까운 성당이나 대수도원으로 향했을 것으로 보인다. 토마스 첼라노는 프란치스코가 매일 미사에 참여하고 자주 성체를 영하기를 원했다고 기록한다. 매일 미사와 잦은 영성체는 당시 드문 관행이었다.[119]

---

117 「수난 성무」. 중세에는 이와 같은 신심 성무일도가 흔히 있었다.
118 「시간경 찬미」, 11.
119 『2첼라노』, 201.

프란치스코의 생애 말엽, 형제회는 이제 파도바의 안토니오와 같은 사제 형제들을 포함하게 되었다. 프란치스코는 「형제회에 보낸 편지」에서 모든 "사제 형제들"이 헌신적으로 미사를 거행할 것을 권고한다. 프란치스코는 형제들이 사는 장소에서는 매일 단 한 대의 미사만 거행되어야 한다고 명기한다. 만약 여러 명의 사제 형제들이 함께 있다면, 그중 한 명의 사제가 미사를 거행하고, 나머지 사제들은 다른 형제들과 함께 그 미사에 참례하라고 말한다.[120]

이렇게 우리가 알고 있는 프란치스코와 초기 형제들의 일상 기도 실행의 모습이 함축하는 바는 "기도와 헌신의 영"이 성무일도와 성찬례라는 두 가지 공동 전례에 매일 상당한 시간을 할애함을 통하여 표현되었다는 것이다. 그러나 이러한 전례 기도는 더 포괄적인 기도 생활의 한 부분일 뿐이었는데, 여기에는 고독 중에 홀로 기도하거나 외딴 은수처에서 한 철을 보내는 기도도 포함되었다. 은수처는 프란치스코와 초기 동료 형제들이 독창적인 관상 생활 형태를 살던 곳이었다.

홀로 기도함

프란치스코와 초기 동료들은 오늘날 우리가 개인 기도(원천 사료들

---

120 「형제회 편지」, 30-31.

은 일반적으로 "숨어서 기도함"이라는 복음의 표현을 선호한다)라 부르는 시간을 따로 마련하였다. 토마스 첼라노는 프란치스코의 두 번째 생애에서 이러한 기도 시간 일부에 대한 묘사를 전해준다.[121] 첼라노는 프란치스코가 밤에 자주 홀로 기도하곤 했는데, 잠자리에 들 때에는 모든 형제가 알아챌 수 있도록 아주 시끄러운 소리를 냈으며, 그리고는 형제들을 아무도 깨우지 않고 기도하기 위해 아주 조용히 일어났다고 말한다(그러나 프란치스코의 그러한 행동에 속지 않고 그 모습을 관찰한 형제가 있었음이 틀림없다). 프란치스코가 홀로 기도할 때면 무슨 일이 일어났을까? 우리는 여기서 다시 한번 조심성 없는 형제의 관찰을 믿을 수밖에 없다. 첼라노는 프란치스코가 때로 "입술을 움직이지 않고" 마음 속으로 묵상하기도 했고, 또 다른 때에는 주님께 큰 소리로 이야기하기도 했다고 한다. 또한, 한숨을 쉬며 눈물을 흘리고 자신의 가슴을 치며 소리를 내기도 했다. 이러한 프란치스코의 기도 체험은 대단히 강렬해 보인다. 프란치스코의 동료들은 프란치스코가 홀로 드리는 기도에서 돌아왔을 때 거의 딴 사람으로 변했다고 말하는데, 그 모습이 마치 "빛나는" 모습이거나 "따뜻한" 모습이었다고 한다. 프란치스코는 그러한 기도 체험 안에서 어떤 면에서는 하느님의 "방문"을 경험했던 것이다. 난처하게도 이러한 하느님의 "방문"은 때로 프란치스코가 다른 이들과 함께 있을 때도 일어났다. 그럴 때면 프란치스코는 "방을 만들기 위하여" 망토를 펼쳐 자기를 감싸거나, 최소

---

121 『2첼라노』, 94-101.

한 옷소매로 얼굴을 덮어서 자신이 "몰아에 들어간" 때에 무슨 일이 일어나는지를 다른 이들이 볼 수 없도록 하였다.

프란치스코는 홀로 있을 때나 다른 이들과 함께 있을 때나, 형제들과 여행하거나 그들과 함께 머물 때나, 낮이거나 밤이거나, 그 모든 시간에 "기도와 헌신의 영"을 일상생활의 구성 원리로 삼았다. 나아가 프란치스코는 고독과 관상의 시기, 즉 기도를 위한 특별한 시기도 준수하였다.

고독의 시기

프란치스코의 동료 형제 레오에 따르면, 프란치스코는 1224년에 성 미카엘을 기리기 위하여 라 베르나 산에서 "사순 시기"를 보냈다.[122] 성 미카엘 천사의 축일 시기와 같은 사순 시기는 정기적인 삶의 리듬을 규정하였고, 이 리듬은 단식, 기도, 고독을 위한 특정한 연간 일정을 의미하는 것이었다. 초기 프란치스칸 사료에서는 다섯 개의 사순 시기가 언급된다. 그 중 첫 번째는 가장 중요한 것으로서 부활 이전 40일간의 봄 시기에 기도하고 단식하는 "대사순"이다. 그리

---

122 「하느님 찬미」.「하느님 찬미」가 포함된 원본 양피지 문서의 한 쪽 면에는 프란치스코의 친필 서명이 있고, 다른 쪽 면에는 이 중요한 사건에 관한 레오 형제의 친필 메모가 적혀있다. 이 사순 기간 프란치스코는 세라핌 천사의 환시를 경험하였다. 이에 관해서는 후에 논하도록 하겠다.

고 11월 1일의 모든 성인 축일로 시작하는 성탄 준비 늦가을 사순이 있었다. 이 두 사순 시기는 수도규칙이 정한 대로 모든 형제들이 준수하였다.[123] 또한, 1월 6일의 주님 공현 대축일에 시작되어 봄의 재의 수요일에 시작되는 대사순 시작 때까지 이어지는 겨울 사순 시기가 있었는데, 이 시기는 형제들에게 권장되기는 하였지만 반드시 지켜야 하는 것은 아니었다. 프란치스코는 여름 사순도 준수하였다. 이 시기는 6월 29일의 성 베드로와 바오로 대축일에 시작되어 8월 15일의 성모 승천 대축일까지 이어졌다. 마지막으로, 앞서 언급한 성 미카엘 사순이 있었는데, 이 시기는 8월 15일의 성모 승천 대축일부터 9월 29일까지 이어졌다.[124]

초기 프란치스칸 사료는 프란치스코가 이 시기들을 단식과 고독과 기도 안에서 보냈다고 보도한다. 프란치스코는 한 번의 대사순 시기를 페루자 근교의 트라시메노 호수의 섬에서 보내기도 하였다. 이때 한 어부가 프란치스코를 배에 태워 섬에 데려다주었고, 프란치스코는 그 답례로 작은 빵을 주었으며, 사순 시기가 끝나면 다시 호숫가로 데려다 달라고 부탁하였다. 프란치스코가 그렉치오에서 생생한 성탄 장면의 재현을 준비한 때도 성탄을 준비하는 사순의 마지막 시기였다. 라 베르나에서의 성 미카엘 사순 시기에는 레오 형제

---

123 「인준 규칙」, 3,5-7.
124 이에 관해서는 다음을 참조하라: 「Quaresima」, 『Dizionario Francescano』, col. 1487-1500.

가 프란치스코를 동반하였다. 레오 형제는 프란치스코와 함께 성무일도를 바쳤지만, 프란치스코는 대부분 시간을 개인 기도에 몰두하였다. 이러한 이야기들이 프란치스코가 매년 행하던 바를 지시하는 것이라면, 프란치스코는 매년 세 번에서 다섯 번의 사순 시기를 보냈고, 시기 마다 40여 일 간 비교적 은둔에만 몰두했던 것으로 보인다. 그 기간 프란치스코는 대개 한 명의 형제와 함께 고독 안에서 기도에 몰두하였다. 이는 매년 모두 4개월에서 7개월의 고독한 시간을 가졌다는 것을 의미한다. 이 기간 프란치스코는 주로 은수처에 머물며 관상 생활을 살아갔다. 은수처는 초기 프란치스칸 영적 수행의 특징이라 말할 수 있다.

은수처와 관상 생활

프란치스코 당대에는 관상 생활에 대한 관심이 재개되었는데, 초기 프란치스칸 은수처는 이러한 관심의 많은 표현 중 하나였다. 프란치스코 이전 세기에도 시토Cistercian 회원, 카말돌리Camaldolese 회원, 카르투시오Carthusian 회원 등이 이미 대수도원 전통 안에서 관상 생활을 쇄신하기 위하여 노력했었다. 시토 회원들은 클뤼니 수도원과 같은 다른 대수도원들이 행하던 정교한 시간 전례를 단순하고 간략한 형태로 축소하였다. 이들은 성 베네딕토 수도규칙의 더 완벽한 준수를 위하여 노력하면서 침묵과 가난과 손노동을 강조하였다. 클레르보의 성 베르나르도(St Bernard of Clairvaux), 상 티에리의 윌리엄(Willam of St Thierry), 스텔라의 이사악(Isaac of Stella)등이 초기 시토회에 속한 작가들로서, 이들의 기도와 관상에 관한 작품이 행사한 영향력은 그들이 속한 수도 공동체를 한참 넘어서는 것이었다. 시토회 수도원은 프랑스에서 시작되었고, 13세기에는 이탈리아의 주요 도시들을 포함한 전체 서유럽으로 퍼져 나갔다.

카르투시오 수도회는 성 브루노(St Bruno)의 지도로 초기 사막 교부들의 공동체와 유사한 은수처들로 구성된 공동체 환경 안에서 외딴 은수자적 삶의 이상을 추구하였다. 카르투시오 은수자들은 수도원 내에 각각의 방을 가졌고, 그 방에서 수면, 노동, 학업, 기도 등이 이루어졌으며, 그 작은 거처에는 또한 봉쇄된 정원도 딸려 있었다. 전체 공동체는 하루에 세 번 함께 공동 기도를 바쳤다. 다른 시간에는 수사 개개인이 자신의 거처에서 기도를 바쳤고, 전체 공동체 수도자들이 함께 모여 식사를 하던 주일과 축일을 제외하고는 식사도 각자의 거처에서 개별적으로 했다. 브루노를 포함한 카르투시오 수도자들은 프랑스 산악 지방의 최초의 수도원에서 시작하여 이탈리아에도 새로운 수도원을 설립하였다.

성 로무알도(St Romuald)로부터 시작된 카말돌리 수도자들 역시 베네딕토회 수도규칙을 따라 공동생활과 은수 생활을 결합하였다. 이탈리아 중부 산맥의 고원에 위치한, 라 베르나 산에서 그리 멀지 않았던 사크로 에레모 Sacro Eremo라는 은수처의 수도자들은 독립된 거처에서 살아가며 은수자적 삶을 살아갔다. 수사들은 각자의 거처에서 고독과 기도 중에 대부분의 시간을 보냈다. 이 은둔 수도원의 아래쪽에는 공동생활을 살아가던 수사들의 수도원이 있었는데, 이들에게도 더 집중적인 고독의 시간을 위하여 위쪽의 은수 수도원으로 옮겨갈 가능성이 언제나 열려 있었다.

그러나 이러한 대수도원 개혁 운동은 12세기 그리스도인들이 갖고 있던 "광야의 삶"에 대한 열망을 온전히 다 채우지는 못하였다. 12세기의 많은 평신도 "회개자들"이 프랑스, 잉글랜드, 이탈리아 등지의 산과 숲으로 고독을 찾아 떠나갔다. 이들은 소박하면서도 아름다운 은수처 환경 안에서 광야의 삶을 살아갔다. 이들은 그러한 은수처에서 손노동과 "사회에서 버림받은 이들"을 위한 애덕 활동을 기도와 보속의 삶에 결합한 생활에 투신하였다. 여기서 말하는 "사회에서 버림받은 이들"은 중세 유럽의 도시 사회의 주변부에서 살아가도록 선고된 이들로서, 나환자, 채무자, 범죄자로 몰린 이들 등이었다. 이러한 평신도 은수자들 중 일부는 거의 완전한 분리의 삶을 살았고, 또 다른 일부는 이곳저곳 떠놀아다니며 일종의 설교 활동에 임하였다. 이들은 종종 살아있는 성인으로 공경받기도 하였고, 또 어떤 경우에는 평화를 교란하는 자와 이단이라는 명목으로 주교와 성직자들의 비난을 받기도 하였다. 프랑스의 아르브리셀의 로베르(Robert of Arbrissel)와 같은 일부 회개자들은 수많은 추종자를 끌어모았고 그 결과 공동체를 설립하였는데, 이 공동체들은 훗날 남녀 모

두를 포함하는 대수도원 공동체로 발전하기도 하였다.[125]

아씨시의 당대 시민들에게 프란치스코도 필시 이러한 평신도 은수자 중 하나로 보였을 것이다. 프란치스코는 회개 초기 시절에 은수자의 전형적인 복장을 갖추어 입었고, 기도를 위한 외딴 장소를 찾아다니며 나병 환자들을 돌보았으며, 폐허가 된 성당을 수리하는 평신도 회개자의 삶을 살아갔다.

프란치스코는 또한 대수도원 전통의 일부를 배워 익히는 충분한 기회를 얻기도 하였다. 프란치스코는 외딴 고독을 찾던 중에 아씨시 위쪽 수바시오 산 고원에 있는 은수처를 찾은 적이 있었는데, 이 수도원은 한때 동방 교회 수도자들(동방의 이슬람 세력으로부터 피난한 수도자들)이 거주한 적이 있었다. 이때 프란치스코는 산 베네데토San Benedetto라 불리던 수바시오 산의 거대한 베네딕토 수도원 수사들과 분명 어떤 접촉이 있었을 것으로 보인다. 이 베네딕토 수도원은 훗날 자기들의 소유지인 포르치운쿨라에 프란치스코가 머물도록 허락하기도 하였다. 프란치스코가 로마로 여행할 당시 로마 교황청에서 프란치스코에게 지지 의사를 보인 사람도 시토회 수도자인 성 바오로의 요한 추기경이었다. 또한, 프란치스코의 「권고들」 일부에서도 시토회 전통의 영향이 뚜렷하게 나타난다.

프란치스코는 또한 아씨시와 로마 사이의 수비아코Subiaco에 있는

---

125   이에 관해서는 다음을 참조하라: Henrietta Leyser, 『Hermits and the New Monasticism: A Study of Religious Communities in Western Europe 100-1150』, New York, St Martin's Press, 1984.

고대 수도원도 방문했을 것으로 보인다. 이 수도원은 성 베네딕토가 설립한 것이다. 이곳에는 "프란치스코 형제"의 빼어난 초상화가 있는데, 이 작품에는 성인 후광이 그려지지 않았다(프란치스코가 시성된 1228년 이전에 작업된 것이다). 이 작품이 새겨진 장소는 베네딕토가 종종 홀로 기도 시간을 보내던 동굴이었다. 프란치스코는 생애 말엽에 카말돌리Camaldoli 근교의 라 베르나 산을 기도와 고독의 특별한 장소로 활용하였다. 그곳 카말돌리의 오랜 전통에 의하면, 프란치스코는 사크로 에레모Sacro Eremo의 손님이었다고 한다. 이곳의 작은 거처 중 하나는 프란치스코의 이름을 간직하고 있다.

    4세기 이집트 사막 교부들의 모범에 영감을 받아 관상이나 은수 생활의 쇄신을 추구하던 당대의 주요 대수도원 및 평신도 쇄신 운동을 프란치스코도 어느 정도는 알고 있었다. 그러나 프란치스코는 그렇게 이미 존재하던 무리에 합류하지 않았다. 토마스 첼라노는 시토회 출신의 프란치스코의 지지자였던 성 바오로의 요한 추기경의 제안, 즉 위에서 설명한 "수도원 생활이나 은둔 생활"에 합류하도록 권고하는 제안을 거절하는 프란치스코의 모습을 묘사한다.[126] 프란치스코는 복음에서 배워 익힌 생활로 언제나 돌아서면서 은수 생활을 순회 복음 설교자의 삶과 결합하는 시도를 하게 된다.

---

126 『1첼라노』, 33.

프란치스코의 창조적인 조화

프란치스코는 자신을 향한 하느님 부르심의 방향과 관련하여 자신 안에서 긴장을 체험하였다. 이 긴장은 관상 생활과 설교 생활의 갈망 사이의 창조적인 긴장이었다. 그는 이 문제를 첫 번째 동료 형제들과 상의하였는데, 이 상의에 참여한 형제들 중에는 "고독한 장소를 찾던" 형제들도 있었고 "사람들 가운데" 살기를 원하던 형제들도 있었다. 기도 후 결정은 내려졌다. 프란치스코는 "모두를 위하여" 자신의 삶을 내어준 그리스도의 모범을 따라 "다른 이들"을 위하여 살기로 결정하였다.[127] 그러나 이것이 고독에 대한 이상을 포기하는 것을 의미하지는 않았다. 그보다는 사람들 가운데에서 설교하는 삶의 요구 조건과 고독의 삶을 통합하는 것을 의미하였다. 사실 프란치스코 생애 말엽의 모습은 오랜 기간 은수처의 외딴 삶으로 물러나는 모습으로 그려진다.

프란치스코는 "은수처에서 수도생활을 하고 싶은 이들"을 위한 특별한 규칙도 작성하였다.[128] 이 「은수처를 위한 규칙」은 프란치스코의 삶에 있어서 관상, 노동, 형제체 등의 가치의 조화를 잘 드러낸다고 하겠다. 또한, 이 규칙은 프란치스코가 보냈던 많은 사순 시기의 맥락에 대한 어느 정도의 그림도 제공한다고 할 수 있겠다. 「은수처 규칙」에 따르면, 세 명 혹은 네 명의 형제들이 동시에 은수처

---

127 『1첼라노』, 35.
128 「은수처 규칙」, 제목.

에 머물되, 이들 중 일부는 가사일을 하고 나머지 형제들은 긴 기도의 시간에 전념할 수 있었다. 이 두 무리의 형제들은 각각 "어머니"와 "아들"로 여겨지는데, 어머니는 마르타의 역할을 하였고, 아들은 마리아의 역할을 하였다. 각 형제는 오두막으로 추정되는 작은 거처를 가졌고, 기도와 식사를 위한 일종의 공동 장소가 있었다. 앞서 설명한 대로 각 시간경은 아침기도(밤기도)를 바치기 위하여 깨어난 이른 새벽부터 시작하여 적절한 시간에 거행되었다. 식사는 아들 형제들이 스스로 조리할 필요 없이 어머니 형제들이 준비하였고, 추측컨대 함께 모여 공동식사를 했을 것으로 보인다. 형제들 각자의 거처에서 식사하는 것이 허락되지 않았기 때문이었다. "어머니" 형제들은 일상의 집안일과 식사를 준비하는 일 외에도 방문자를 맞이하는 일, 또한 그들이 기도 중에 있는 "아들" 형제들을 방해하지 않도록 보호하는 일도 하였다. 봉사자(지역 장상)는 형제들을 자유롭게 방문할 수 있었지만, 다른 손님들은 내부로 들어올 수 없었다. 이「은수처 규칙」은 대단히 유연하며, 형제들의 생활이 언제, 어디서, 어떻게 조직되어야 하는지에 대한 관심은 거의 표명하지 않는다. 다만 기도, 필요한 노동의 수행, 외부 방해 요소의 분별 있는 최소화 등의 핵심 사안에만 초점을 맞추고 있다.

프란치스코의 사후, 아씨시를 내려다보는 수바시오 산기슭에 위치한 카르체리Carceri 은수처는 위에서 설명한 은수처 삶 형태의 본보기로 유명해졌다. 아씨시 계곡 아래 위치한 초기 프란치스칸 운동의 중심지였던 포르치운쿨라 역시 초기 은수처들 중 하나였을 것으로 보이는데, 이는 이곳 삶에 관한 초기 묘사와 최근의 고고학 발굴에 의해 밝혀진 바이다. 여기에도 공동 기도를 위한 작은 경당이 있었고 이 경당 주위로 형제들을 위한 작은 오두막들이 배치되었다. 그 중 하나는 조리를 위한 화로를 갖추고 있었으며, 형제들의 거처 전체는 일종의 생울타리(봉쇄벽)가 둘러싸고 있었고, 주변에는 나무숲이 있었다. 프란치스코가 자주 시간을 보냈던 다른 장소들 역시 이와 같은 방식으로 조직되었다. 폰테 콜롬보Fonte Colombo, 그렉치오, 라 베르나 등도 종종 은수처로 언급된다. 카르체리를 포함한 이 모든 장소는 프란치스칸 삶의 보다 집중적인 관상 생활양식 전통을 오늘날에 이르기까지 어느 정도 보존하고 있다. 현대 은둔 관상 생활의 주요 촉진자인 토마스 머튼Thomas Merton은 자신이 쓴 "프란치스칸 은둔 생활(Franciscan Eremitism)"[129]에 관한 훌륭한 글에서 프란치스칸 은수처의 관상 생활 형태의 유연성과 단순성을 감탄하여 마지않았다.

보나벤투라

창설자의 귀천 이후 이어진 세대에서는 보나벤투라가 프란치스칸 유파의 주요 주제와 개념을 논리적인 영적-신학적 체계로 조직하였다. 보나벤투라는 신학 "스승(Master)"이 된 이후 파리 대학에서 "재속 성직자와 탁발 수도자들" 간에 발생한 반목을 몸소 겪었다. 이

---

129   Thomas Merton, 『Contemplation in a World of Action』, Garden City, NY, Doubleday, 1971.

반목은 "새로운" 수도회들(프란치스칸과 도미니칸)의 적법성과 그들의 교회 내 역할에 관한 논쟁이었다. 보나벤투라는 당대의 또 다른 신학자였던 토마스 아퀴나스Thomas Aquinas와 함께 새로운 수도회들, 특히 그가 속한 작은형제회를 변호하는 작품을 집필하였다. 또한, 많은 양의 주석서와 강론 등의 신학 작품도 남겼다. 수도회의 총봉사자로 선출된 이후에는 프란치스칸 삶의 방식, 작은형제회의 창설자 성 프란치스코, 그리고 프란치스코가 제자들에게 전해준 영성에 관한 웅변적이고도 단호한 책을 썼다. 또한, 형제회 총회의 명령으로 프란치스코의 『대전기』를 작성하였는데, 이 전기는 훗날 창설자의 삶과 계획에 대한 "공식적인" 기록물로 채택되었다. 이어진 형제회 총회는 이전에 존재하던 모든 전기를 없애도록 명하였고, 19세기에 이르기까지 보나벤투라의 『대전기』가 프란치스칸 영성 전망을 대표하게 되었다.

보나벤투라는 프란치스코의 『대전기』 외에도 『하느님께 나아가는 정신의 여정』이라는 신비 신학 작품도 썼다. 이 작품에서 보나벤투라는 프란치스코의 모습과 라 베르나 산의 세라핌 천사의 환시를 "관조적 황홀 상태"에 이르는 길잡이로 활용한다. 이 작품은 오랜 세기 동안 프란치스칸 전통의 최고 작품 중 하나로 전해져 왔다. 이 작품은 하느님과의 일치로 이끄는 단계를 요약한 훌륭한 작품으로서, 보나벤투라는 이 작품의 서술을 시작하면서 다음과 같이 프란치스코의 모범을 자신의 영감으로 명시한다.

나도 사부 성 프란치스코의 모범을 따라 그 평화를 찾고 있다 … 성

인의 서거 33주년 때, 그가 하늘나라에 올라가신 날에 즈음하여 고요한 곳 라 베르나 산에 올라가 피정하게 되었다. 거기서 나는 평화를 간절히 찾았다. 거기에 머무는 동안 나는 하느님께 올라가는 영적인 상승에 대해 골몰하였는데, 갑자기 성인에게 일어난 기적이 생각났다. 즉 십자가에 못 박히신 분의 모습을 띤 날개 달린 세라핌에 대한 환시가 떠올랐다. 그 환시를 묵상하는 동안, 나는 그것이 분명히 사부의 관조적 황홀 상태를 보여 주고, 또 거기에 도달하는 길을 보여 준다고 생각하였다.[130]

그러고 나서 보나벤투라는 황홀 상태를 향한 관상 여정의 지도를 그린다. 이 여정은 우리를 둘러싸고 있는 피조물의 세계에 주의 깊게 집중하면서 우리 외부로부터 시작된다. 이 피조물의 세계는, 비록 희미한 유사함이기는 하지만, 이미 하느님에 관한 무엇인가를 우리에게 보여주고 있다. 빛이 있기는 하지만 그것은 마치 저녁의 어스름과 같아서 그 안에서 우리는 희미하게만 볼 뿐이다. 이 여정은 몸, 정신, 영혼 등 우리 안에 새겨진 더 선명한 하느님의 모상을 발견해 가며 내면에 집중하면서 계속 이어진다. 보나벤투라는 이 빛이 마치 새벽에 점점 더 밝아지는 빛과 같고, 우리는 그 빛 안에서 땅거미가 질 때보다 더 분명하게 볼 수 있다고 말한다. 이 여정은 이어서 하느

---

[130]   보나벤투라, 「하느님께 나아가는 정신의 여정」, 서언, 2, 박장원 옮김, 『프란치스칸 삶과 사상』, 제41호, 2014년 봄, 21-22.

님과의 참된 유사함을 추구하면서, 있는 그대로의 하느님에 대한 관상을 향하여 위쪽으로 움직인다. 최종적으로는 **존재**와 **진리**가 일치와 삼위로 동시에 현존한다는 신비에 어리둥절해진 우리 지성은 이제 대낮의 태양과도 같은 빛에 눈이 멀어져 어둠 속에 봉해진다. 이 어둠 속에서 이해 불가의 상태가 된 우리는 여정의 마지막에 다다른 것처럼 보인다. 그러나 바로 그 순간 우리는 지성이 아닌 우리 마음의 사랑으로 하느님의 참된 유사함을 만나게 되고, 하느님 안에서 모순적으로 보이던 것들의 해법을 마주하게 된다. 이것이 바로 - 비록 우리 지성은 아직 어둠 속에 있다 하더라도 - 우리 마음을 용솟음치게 하는 사랑으로 불타는 예수이다.

> 이제 영혼에게는 이 모든 관조를 넘고, 이 감각적 세계를 넘고 자신마저 넘어가는 것밖에 없다. 이런 넘어감에서 그리스도는 '길이며 문'이다. 그리스도는 '하느님의 궤 위에 놓인 속죄판'으로서 '사다리며 수레'이고, '영원히 감춰신 신비'이다.[131]

여기서 보나벤투라는 프란치스코가 몸소 보여준 모범을 "완전한 관상의 모범"으로 언급한다. 프란치스코를 통하여, "그의 말보다는 행동"을 통하여, 하느님께서는 참으로 영적인 모든 사람을 "이러한

---

131 보나벤투라, 「하느님께 나아가는 정신의 여정」, 7, 1, 73.

영의 건너감과 영적 무아지경"으로 초대하는 것이다.[132]

여기서 보나벤투라는 프란치스칸 관상 전통의 중요한 원리, 즉 모든 진실한 추구자들이 하느님 관상으로 들어갈 수 있다는 원리를 정초한다. 프란치스코는 관상 기도에 대한 체계나 기법을 말로 옮기지 않았다. 프란치스코가 행했던 바는 타인이 따를 수 있는 그의 "모범", 그 자신을 제시하는 것이었다. 이 모범의 정점에는 죽음이 멀지 않은 때에 라 베르나 산에서 피정하는 동안 십자가에 못 박히신 그리스도와의 관상적 일치에 이른 프란치스코의 사랑 어린 황홀 상태가 있다. 역설적이게도 프란치스코의 모범을 따르는 방법은 신학자로서의 보나벤투라가 중요하게 여기던 지성적 탐구가 아니다. 그보다는 정신이 아닌 마음의 단계에서 건너감의 여정이라 할 수 있다.

> 만일 그대가 그런 일들이 어떻게 이루어지는지 내게 질문한다면, 교리에 묻지 말고 은총에 묻고, 지성에 묻지 말고 원의에 묻고, 정밀한 독서에 묻지 말고 하느님께 묻고 … 빛에 묻지 말고 모든 것을 태우고 … '불'이 하느님이고 … 그리스도는 당신의 맹렬한 수난의 불로 화로에 불을 붙이는데 … .[133]

---

132 보나벤투라, 「하느님께 나아가는 정신의 여정」, 7, 3, 74.
133 보나벤투라, 「하느님께 나아가는 정신의 여정」, 7, 6, 76.

카울리부스의 조반니(Giovanni de Caulibus)

토스카나의 조반니 데 카울리부스(+ 1335)의 작품은 후세대 프란치스칸들에게 큰 영향을 미쳤다. 라자로 이리아르테Lazaro Iriarte가 자신이 번역한 조반니의 작품인 『묵상록』의 서언에서 말하듯이, 이 글이야말로 중세 수덕주의와 신비주의의 가장 중요한 작품이라 할 수 있다. 『묵상록』은 그리스도 생애의 사건에 대한 개인적이고도 내적인 심원한 묵상을 담고 있는데, 그 형식은 데보시오 모데르나Devotio Moderan 운동의 특징을 따르고 있다.[134] 이 작품은 당대에 상당한 인기를 누렸고 많은 언어로 번역되었다. 이 글은 본래 클라라회 수녀들을 위하여 작성된 것인데, 훗날 작센Saxony의 루돌프Ludolph가 저술한 『그리스도의 생애(Vita Christi)』라는 작품 안에서도 그 내용이 그대로 반복된다. 아래에 소개되는 「그리스도의 생애에 관한 묵상에서 사용할 방법」에서 서술되는 바와 같이, 우리는 이 『묵상록』으로부터 그리스도의 생애를 주간 일정으로 구성한 체계적인 접근법을 취할 수 있겠다.

이제 저는 여러분에게 앞 장을 묵상하거나 설교할 때 사용할 수 있

---

[134] Giovanni de Caulibus, 「Meditationes Vitae Christi」, ed. Lazaro Iriarte, 『Mistici Francescani』, II, 795-972. 특히 801쪽의 Iriarte의 해설을 보라. 이어지는 인용구는 저자의 번역이며, 영어 번역본은 다음의 책에 수록되어 있다: Isa Ragusa, Rosalie B. Green (eds.), 『Meditations on the Life of Christ』, Princeton, 1961.

는 방법을 소개하고자 합니다 ….

우선 여러분은 매번 묵상 때마다 주님이 주인공이거나, 혹은 복음의 서술에 따라 주님의 현존 중에 발생한 한 단어나 한 장면을 묵상하는 것으로 충분하다는 것을 알아야 합니다. 묘사되고 있는 그 사건 안에서 마치 당신이 도움을 주고 있는 것처럼 함께 해야 합니다. 이때 영혼의 단순함으로 머무십시오. 말하자면 아무런 꾸밈없는 상태로 머무십시오.

… 묵상을 위해서는 조용한 시간을 택하십시오 … 묵상은 다음과 같은 방법으로 구분하십시오. 월요일에는 예수의 이집트 피신까지만 진행하고, 화요일까지 주님을 그곳에 남겨두십시오. 그러고 나서 주님과 다시 돌아오는 여정을 함께 하고 예수님께서 회당에서 성경을 펼치는 순간까지 지속하십시오. 이 묵상은 수요일에 시작하고 마리아와 마르타가 예수님께 봉사하는 데까지 가십시오. 목요일에는 같은 이야기에서 시작하여 주님의 수난까지 진행하십시오. 금요일과 토요일에는 주님의 부활까지 묵상하십시오. 마지막으로 주일에는 성경의 마지막까지 부활 이야기 전체를 묵상하십시오.[135]

이런 구체적인 가르침은 "추론적" 기도 방식으로, 이 기도 방식은 훗날 다양한 영성 학파의 대들보가 되었다. 프란치스칸 전통은 또한

---

135 Giovanni de Caulibus, 971.

"관상 기법"에 대한 재개된 관심으로 다른 방향으로 진행되기도 하였는데, 특히 15세기와 16세기 스페인의 경우가 그렇다 하겠다.

전성기

프란치스칸 관상 수행과 그에 관한 묘사는 16세기 스페인에서 만개하였다. 이 시기는 스페인 신비주의의 "전성기"로 불린다. 이 시기의 가장 유명한 사람들이라면 아마도 아빌라의 테레사나 십자가의 요한 등과 같은 위대한 카르멜 신비가나 개혁가일 것이다. 그러나 프란치스칸 전통에 속한 몇몇 중요한 인사들 역시 이 "전성기"에 이바지하였다.

스페인 및 다른 지역에서의 프란치스칸 관상 전통 쇄신 운동은 형제회에서 발생한 새로운 형태의 은수처 전통으로부터 성장하였다. 앞서 "영적인 형제들"과 관련하여 언급했던 바와 같이, 이들의 뒤를 이은 다양한 개혁이 프란치스코의 은수처 규칙을 모델로 하는 생활양식으로 되돌아갔다. 14세기 후반, "준수遵守주의"라고 불리던 개혁 운동은 수도규칙의 "엄격한 준수(regular observance)"를 추구하며 작은 형제들의 공동체를 형성하였다. 이들이 강조했던 바는 더 엄격한 가난, 평형제의 역할 강조(이 개혁 무리의 지도자는 폴리뇨 출신의 평형제인 파올로치오 데 트린치Paoluccio de Trinici 였다), 도시 내 규모가 큰 수도원(conventi)과 성당을 떠나 은수처 생활양식으로 돌아오는 것이었다. 준수주의 개혁 운동의 최종적인 우위로 작은 형제들은 1517년에 두 개의 다른 수도회, 즉 꼰벤뚜알 프란치스코회와 준수의 작은형제회로 분리되었다.

스페인에 중심을 두었던 또 다른 개혁 운동은 대도시 외곽 지역에 관상 프란치스칸 공동체인 **기도의 집**(retiros)을 세웠다. 이 공동체들은 16세기 스페인의 위대한 프란치스칸 영성 작가들을 배출하였다. 이 개혁 운동이 이탈리아로 전파되자 그곳에서도 비슷한 다른 공동체들이 설립되기 시작하였다. 1525년에 창설된 카푸친 작은형제회는 본래 "은둔 생활의" 작은 형제들로 불렸는데, 이는 형제들이 은수처에서의 관상적 삶을 프란치스칸 삶의 근본적인 부분으로 삼고 실천하였기 때문이다. 1619년, 카푸친 작은형제회는 작은 형제들의 또 다른 독립적인 가족이 되었고, 트리엔트 공의회 이후 이어진 가톨릭 개혁 기간 내내 프란치스칸 영성 전파에 크게 이바지하였다.

이제 이러한 역사를 염두에 두고 위에서 언급한 새로운 운동 출신의 영성 작가들을 살펴보자. 이들의 작품은 스페인 신비주의와 관상 기도의 부흥에 크게 일조하였다.

헨드릭 허프 Hendrick Herp

오늘날 헨드릭 허프에 관해서 알려진 바는 거의 없지만, 1500년대 스페인 신비주의를 이해하는 데 있어 대단히 중요한 사람으로서 하르피우스Harphius라고도 알려진 플랑드르(Flemish) 출신 프란치스칸이다. 헨드릭은 신비가 얀 리즈브룩Jan Ruysbroeck의 제자였고 델프트Delft의 "공동생활 형제들"에 속해 있었다(이 형제들의 공동체는 가톨릭 영성의 고전 작품인 『준주성범』을 세상에 남겼다). 1450년, 헨드릭은 예기치 않게 작은 형제들의 준수주의 개혁(observant reform)에 합류하며 프란치스칸이 되었고, 『완덕의 거울(Spiegel der volcomenheit)』 등 그리스도교 신비주의에 관한 작품을 집필하였다. 사후에는 제자들이 그의 작품을 모아 『신비 신학(Theologia mystica)』이라는 제목으로 출간하였다.[136]

헨드릭의 작품에서는 프란치스코의 모습과 보나벤투라의 신비주의 작품이 되풀이되고 있고, 『하느님께 나아가는 정신의 여정』에 나타나는 관상에 대한 정서적 접근(지성적 접근보다는)을 강조한다. 헨드릭은 또한 모든 그리스도인이 하느님과의 신비적 일치에 이를 수 있다고 확신하였고, 따라서 "관상의 대중화"를 주창한 많은 프란치스칸들을 대표한다고 할 수 있다.

그리고 세 번째이자 가장 높은 삶, 즉 초월적 관상 생활이 뒤따른다. 이 삶은 "좋은 몫을 선택한"(루카 10,27) 마리아 막달레나로 대표

---

136 「Herp」, 『Dictionnaire de spiritualité』, col. 346. 헨드릭이 저술한 『완덕의 거울』의 라틴어와 스페인어의 최신 편집본은 다음을 보라: Juan Martin Kelly (tr. and ed.), 『Directorio de contemplativos(Coleccion Espirituales Españoles, Serie B, Lecturas, t. 2)』, Madrid, Universidad Pontificia da Salamanca, Fundación Univ. Española, 1974.

된다. 성경 전통에 의하면, 인간은 영광 속에서 천사들과 함께 있도록 창조되었다 … 초월적 관상의 삶은 거룩한 계시 안에서 가장 높은 지위를 차지한다. 따라서 이 삶은 사람에게 덕의 많은 단계를 오르도록 요구하는데, 이는 특히 참된 고행을 통하여 수행된다. 이러한 초월적 관상 생활의 최고의 친교를 하느님으로부터 받기 위해서는 누구나 사전에 유용하고도 건전한 방법으로 자기 자신을 준비하는 데 힘 닿는 데까지 모든 것을 다해야 한다. 이 생활에 능숙한 사람이거나 심지어 초보자라도 때로는 이 선물을 받는다. 어떤 이들은 마치 사도 성 바오로에게서 그러했던 것처럼 심지어 회개 초기에 이 선물을 받기도 한다. 사도 바오로는 회심하자마자 셋째 하늘까지 들어 올려졌고, 앞으로 우리가 영광스러운 하느님을 보게 될 것이듯, 사도 바오로도 하느님의 본질을 보았다(사도 9,5; 2코린 12,2).[137]

단순하고 직접적이면서도 정서적인 형태의 하느님과의 일치에 대한 헨드릭의 강조는 남녀 평신도뿐만 아니라 수도 공동체 구성원들도 단순한 형태의 관상 기도를 쉽게 행할 수 있도록 하는 데에 그 목적이 있었다. 로마 당국자들은 『신비 신학』의 초기판을 하느님과의 신비적 일치에 관하여 지나치게 대담한 언어를 사용했다는 이유로 비난하였다. 그러나 헨드릭 허프의 작품들은 널리 보급되었고 많

---

[137] 「Directorium contemplativorum」, part 3, chap. 59, 『Directorio de contemplativos』, 662.

은 프란치스칸 공동체 내에서 중요한 자리를 차지하였다. 심지어 정기적인 주간 독서로 규정되기도 하였다. 그의 작품들은 스페인으로도 전파되었고, 스페인의 신비주의에 관한 프란치스칸 논문과 관상기도 "기법"의 발전에 크게 이바지하였다.

오수나의 프란치스코(Francisco de Osuna)

아빌라의 테레사는 카르멜회 수녀로서 서약을 발한 지 얼마 지나지 않아 삼촌 돈 페드로 데 체페다Don Pedro de Cepeda로부터 한 권의 책을 선물 받았다. 그녀는 당시 병중에 있었지만 선물 받은 책을 정성 들여 읽었고 그 책의 안내를 따라 그녀의 초기 관상 기도 체험 일부를 시작하게 되었다.[138] 이 책은 스페인의 프란치스칸, 프란치스코 데 오수나(+ 1540)가 집필한 『영성 입문서 제3권(Tercer abecedario espiritual)』이라는 책이었다.[139]

오수나는 준수주의 프란치스칸 가족에 속한 개혁 운동 중 하나에 속해 있었다. 이 개혁 무리는 초기 프란치스칸 은수처 삶의 특징이었던 집중적인 관상 형태의 삶으로의 회귀回歸를 강조하였다. 여기

---

138 Keiran Kavanaugh, 「Spanish Sixteenth Century: Carmel and Surrounding Movements」, 『Christian Spirituality: High Middle Ages and Reformation』, 75. (특히 「introduction」, n. 2를 참조하라).

139 『Francisco de Osuna: The Third Spiritual Alphabet』, tr. Mary E. Giles, New York, Paulist Press, 1981.

에 속한 개혁가들은 1480년대에 스페인으로부터 시작하여 "명상의 집"을 설립하였고, 이 "명상의 집"은 점차 다른 나라에도 전파되었다. 이 공동체에서는 형제들이 "명상"이라 불리던 관상 기도의 단순한 형태를 살아갔다. 이 기도는 우리 인식의 흩어진 조각들을 다시 모아 하느님을 향한 단순하고 애정 어린 관조로 그 조각들에 집중하는 과정을 수반하는 것이었다.

프란치스코 데 오수나의 저서 『영성 입문서 제3권』은 테레사에게 명상 기도 실행에 관한 중요한 안내서 역할을 하였다. 오수나는 이 책에서 평신도나 수도자 등 많은 다른 환경에서 살아가는 모든 이에게 적합한 관상 기법을 서술하였다. 오수나에 의하면, 우리는 기도 중 계속해서 지성적 추론과 감각을 가라앉히는 작업을 통하여 생각의 방해를 받지 않는 내적 침묵에 이른다. 그렇게 지성이 잠든 가운데(여기서 우리는 보나벤투라의 목소리를 다시 듣는다), 하느님과 함께 있음을 단순하게 향유함에 머물며 우리의 마음은 하느님과 일치하게 된다.

오늘날 "관상"이나 "관상 기도"에 관하여 이야기할 때, 일반적으로 위에서 설명한 형태의 조용한 주의 집중을 의미하고, 대부분 사람은 그러한 기도법에 이의를 제기하지 않는다. 그러나 반종교 개혁(가톨릭 개혁)의 맥락에서 그러한 기도는 의심을 불러일으키는 것이었다. 당시 일부 관상 기도가들은 그들이 성령의 특별한 지도 아래 있다고 주장하기도 하였다. "정적주의자"라고도 불리던 "알룸브라도스(alumbrados, 깨달은 이들)"는 하느님께 대한 경배가 "영과 진리 안에서" 이루어져야 한다고 주장하면서 전례와 성사의 묵상을 거부하였다.

종교 재판은 당대에 이렇게 새롭게 전개되는 사태를 우려하여 이러한 이단으로 의심되는 자들을 강력하게 박해하였다. 그러한 의심의 결과로 테레사와 다른 이들도 공정치 못한 고초를 겪어야 했다.

라레도의 베르나르디노(Bernardino de Laredo)

아빌라의 테레사에 관한 또 다른 이야기 하나는 16세기 스페인의 카르멜 전통과 프란치스칸 전통의 활발한 교류를 잘 드러낸다. 테레사는 1554년의 회심 체험 이후 기도 체험이 갈수록 더 신비로운 형태를 띠게 되자, 평신도와 사제와 수도자들에게 조언을 구하기 위하여 노력하였다. 그러나 불행하게도 그녀가 찾은 대부분의 사람들은 테레사의 체험에 전적인 의심이나 우려를 표명하였다. 특히, "조명주의(illuminism)"에 대한 걱정이 그것이었다. 다시 한번 테레사를 독려한 것은 프란치스칸 전통에서 기인한 『시온산 등반(Subida del Monte Sion)』이라는 책이었다. 이 책은 프란치스칸 평형제이자 의사였던 베르나르디노 데 라레도(+ 1540)가 집필하였다.[140]

아래에 소개되는 베르나르디노의 문장은 테레사가 "아무것도 생각하지 않음"이라는 어려운 문제를 마주했을 때 용기를 주었던 문장이다. 당대 일부 사람들은 "아무것도 생각하지 않음"은 악마의 속임

---

140 『Misticos Franciscanos Españoles II (Biblioteca de Autores Cristianos)』, Madrid, Editorial Catolica, 1948, 25-442.

수라고 주장하였다. 그러나 테레사는 『시온산 등반』이라는 책 안에서 침묵 기도 체험에 대한 긍정적인 해석을 발견하게 된다.

> 관상의 시작은 그대의 영혼이 언제나 하느님이 아닌 모든 것 위로 들어 올려지도록 하십시오. 이는 그대 안에 그 어떤 생각도 - 그것이 얼마나 좋은 생각이든지 간에 - 존재하지 않는 것과 같습니다. 이는 그대의 관상이 조용하고 완벽하다면 사랑이 아닌 다른 그 어느 것으로도 분주하지 않음을 의미합니다. 만약 이 사랑이 완전한 관상 속의 침묵이라면, 그 사랑은 그 침묵 중에 어느 것도 생각할 필요가 없습니다. 왜냐하면, 내 하느님의 사랑, 내 영혼을 차지한 그 하느님의 사랑은 우리의 이해력이 알아볼 만큼 그렇게 상상할 수 있거나 쉽게 이해할 만한 그 무엇이 아니기 때문입니다. 오히려 하느님의 사랑은 갈망과 사랑의 대상입니다. 이해로는 알아볼 수 없습니다. 오직 사랑과 갈망과 의지로만 알아볼 수 있습니다.
>
> 만약 어떤 관상가의 완벽함이 그리스도 예수의 사랑, 즉 생각은 그저 방해물일 뿐인 그 예수의 사랑으로 이루어져 있다면, 아무 것도 생각하지 않기 위하여 침묵 관상 중에 있는 것이 더 낫다고 말했던 이의 의미를 이해하게 될 것입니다.[141]

---

141 「Ascent」, part 3, chap. 16, 『Misticos』, 370.

이 책은 베르나르디노가 의학과 약리학에 관한 두 권의 책을 저술한 이후인 1538년에 작성한 주요 작품으로서, 여기서 그는 보나벤투라의 방법론과 유사한 방법론을 따른다. 즉, 영혼이 자기 자신에게 다가감, 그 자신에게로 들어감, 그 자신 위로 날아오름이라는 3중의 과정을 묘사하고 있다. 베르나르디노는 이러한 영혼의 과정을 회상, 침묵, 일치라는 세 가지 형태의 기도와 연관 짓는다.

회상의 시간 동안 우리의 의지는 집중되고, 사고나 조직적인 묵상을 포기하게 된다. 여기서 우리는 지적 능력이 아닌 사랑의 능력을 활용하여 침묵이라는 다음 단계로 넘어간다. 이 침묵의 단계는 우리의 모든 내적 자아가 휴식에 들어가는 깊은 잠으로 묘사된다. 세 번째 단계에서는 하느님과의 갑작스럽고도 짧은 일치의 순간을 체험한다. 이 일치는 우리가 사용하는 그 어떤 기법에 기인한 것이 아니라 순수한 선물로 주어지는 것이다. 이러한 "아무것도 생각하지 않음"이라는, 외관상 텅 빈 것처럼 보이는 상태에서 마음은 하느님을 향해 뛰어오르며 생기가 넘치게 된다. 이에 관하여 베르나르디노는 헨드릭의 작품을 인용하며 다음과 같이 말한다. "이 공간에서 영은 홀로 독립적으로 존재하는 것을 멈추는데, 그곳에서 영은 완전히 하느님과 일치하여 살기 때문이다."[142]

---

142 『Misticos』, 370.

캔필드의 베네(Benet of Canfield)

카푸친 형제들은 "명상의 집"에서 살아가던 형제들과 마찬가지로, 가난과 관상이라는 프란치스칸 삶의 재건을 촉진하였다. 카푸친 형제들의 초기 생활 관습에는 매일 두 시간의 "마음 기도(mental prayer)"가 포함되어 있었다. 이 형태의 기도는 지속적인 관상이라는 목표에 도달하기 위해 묵상이라는 보조 도구에 의존하는 방식이었다. 이 묵상은 복음 구절에서 따온 그리스도 생애에 관한 것이었다.

카푸친 형제들은 17세기 프랑스의 새로운 영성 발전에 주된 역할을 수행하였다. 이러한 발전에 필수적이었던 영성 지도 방법은 이전 세기에 로욜라의 이냐시오(+ 1556)가 제시한 바 있었다. 프랑스 카푸친 형제 중에서는 캔필드의 베네 혹은 베누와Benoît가 영성 지도 분야에서 대변인 역할을 하였다. 캔필드의 베네는 이전에 윌리엄 핏치William Fitch라고 불리던 영국인으로서 청교도 출신이었다.

베네는 자신의 저서『완덕의 규칙(Rule of Perfection)』[143]에서 지식이 아닌 의지에 관한 프란치스칸들의 특징적인 강조를 자기 가르침의 중심으로 삼는다. 참된 완덕은 그 어떤 경우에도 우리의 의지를 하느님의 의지에 일치시키는 데 있다. 언뜻 보면 이러한 영적 수행 방법은 단순히 "올바른 일을 함"이라는 진술로 보일 수도 있다. 그러

---

143 『La Règle de perfection: The Rule of Perfection』, Jean Orcibal (ed.), Paris, Presses universitaires de France, 1982.

나 베네는 그러한 외적 행동의 일치를 넘어선다. 그는 헨드릭 허프의 언어를 인용하면서 직접적이고도 지속적인 일치 안에서 인간의 의지가 하느님 의지에로 실제로 참여한다는 것을 사실로 가정한다.

베네와 17세기의 카푸친 영성 작가들은 그들이 프랑스에 보급한 영성 전통에 훗날 전개될 위기를 예측하지 못했을 것이다. 프란치스칸 관상 전통은 계몽주의의 여파와 프랑스 혁명 전후에 발생한 수도 공동체 박해 시기를 거치며 쇠퇴의 길을 걷게 되었다. 이어지는 시대에도 뛰어난 영웅적 모범과 순교자들이 배출되었지만, 관상 생활에 관한 글을 생산해 내는 것보다는 생존의 문제가 훨씬 더 중요한 문제였다.

1882년의 프란치스코의 탄생 700주년 역시 차분한 가운데 치러졌다. 19세기 말엽에 이르러서야 프란치스칸 3회원이었던 교황 레오 13세(+ 1903)의 독려로 프란치스칸 전통이 되살아나기 시작하였다.

제6장
당신의 거룩한 십자가로 세상을 구속하셨기에

프란치스코가 소중하게 여겼던 기도문 중 하나인 다음의 기도문은 성 십자가 현양 축일(9월 14일) 전례 기도문을 참고하여 만들어졌다.

> **주 예수 그리스도님, 저희는 전 세계에 있는 당신의 모든 성당에서 당신을 흠숭하며, 당신의 거룩한 십자가로 세상을 구속하셨기에 당신을 찬양하나이다.**[144]

프란치스코는 주님이 자신에게 준 "성당들에 대한 크나큰 믿음"을 회상하며 위 기도문을 유언에 포함시켰다. 프란치스코가 자신과 다른 형제들이 사용하도록 작성한「주님의 수난 성무일도」의 중심 구성 요소는 생명을 전달하는 그리스도의 십자가상 죽음이다. 이 성무일도는 프란치스코와 형제들이 일상적으로 행하던 성무일도에 덧

---

144 「유언」, 5.

붙여 매일 바치던 기도였다.

「수난 성무」는 15개 시편의 모음집(사실은 시편과 성경의 다른 본문 구절을 한데 엮어 모은 것이다)으로서, 그리스도의 생애, 특히 파스카 성삼일에 나타나는 그리스도 생애 사건들을 상징하도록 구성된 글이다. 이 글에는 대림, 성탄, 부활, 승천 시기 등을 위한 특별한 시편도 포함되어 있다. 여기서 프란치스코는 겟세마니 동산에서의 그리스도의 고통과 배반(끝기도)에서 시작하여 그리스도의 탄생과 산 헤드린의 판결(밤기도), 부활(일시경), 십자가상 죽음(삼시경), 십자가를 짊어짐(육시경), 영광스러운 죽음(구시경), 구원된 모든 피조물과 함께 나눔(저녁 기도)에 이른다. 이 모든 구절은 그리스도가 직접 말하는 것처럼 배치되었고, "거룩하신 저의 아버지"께 드리는 것으로 서술되고 있다.[145]

이 성무일도가 드러내는 바는 예수에 대한 프란치스코의 깊은 동일화이다. 프란치스코는 이 동일화를 통하여 예수의 관점이라고 명명할 수 있는 견지에서 시편의 언어를 통하여 이야기한다. 프란치스코는 "우리 주 예수 그리스도의 발자취를 따른다"는 영감을 매우 신중하게 착수하였다. 가난하고 병든 이들에게 자비를 베푸는 행동, 복음으로 돌아가는 보속과 회개에 대한 설교, 기도를 위하여 인적이 없는 곳으로 물러남 등의 방법 안에서 그 영감을 살아갔다. 이 모든 행동은 복음서에 서술된 예수 생애의 외적 사건들과 유사하였다. 그러나 「수난 성무」는 이 "따름"의 더 깊은 측면을 드러낸다고 하겠다.

---

145 「수난 성무」, 1,5.

프란치스코는 "그리스도의 정신을 입는 법"을 배웠고, 주 예수 그리스도 추종이라는 새로운 관점으로 주위 세상을 보면서 자신의 내적 변화를 강하게 드러낸다.

여기에는 어떤 특정한 교수법이 작용하였다. 이 교수법은 우선 프란치스코 안에서 나타났고, 프란치스코의 제자들은 이를 실행하였으며, 후대에 프란치스칸 전통이 발전하면서 프란치스칸 전통 안에도 그 표식을 남겼다. 프란치스코는 예수가 복음서에서 행하던 바를 행하였다. 예수의 행동과 동작과 말씀을 반복하는 것으로부터 시작해서 점차 "마치" 예수님처럼 생각하고 반응하고 말하고 기도하기까지 하였다. 이러한 "그리스도와의 일치"는 프란치스코의 몸짓뿐만 아니라 생각마저 특징짓기 시작하였다. 프란치스코의 그리스도와의 일치라는 주제는 훗날 프란치스칸 사료 안에서 프란치스코를 "또 다른 그리스도(Alter Christus, 제2의 그리스도)"로 묘사하는 고전적인 표현에 이르게 된다.[146] 이는 프란치스코의 오상에 대한 묵상 안에서 이루어진 것이었다.

우리는 프란치스코의 기도 안에서 모든 좋은 것에 대하여 하느님께 감사하는 모습으로 넘쳐나는 그를 만난다. 프란치스코는 자신의 돌려드림이 얼마나 작은 것인지를 깊이 자각하고 있었고, 자신에게 계시된 사랑을 계속해서 노래한다. 그는 이 사랑으로 인하여 종종

---

146 예를 들어, 『성 프란치스코의 잔꽃송이』의 마지막 부분에는 오상에 관한 다섯 가지 "고찰"이 첨가되어 있다.

눈물을 흘리곤 했는데, 특히 그 사랑이 감내해야 했던 고통을 생각할 때 더욱 그러하였다. 프란치스코는 자신의 고통(육체적 질병, 형제들에 대한 염려, 내적 어둠과 의혹) 안에서 그 사랑의 체험에 참여하는 방법을 보게 되었다. 프란치스코는 이 사랑의 생명을 함께 나누며 고통의 한가운데서 심원한 기쁨을 발견하였다. 이 기쁨은 프란치스코가 사랑하는 그분과 "함께 있음"으로부터 솟아나는 것이었다.

토마스 첼라노와 수난의 신비주의

1224년, 이 사랑의 체험은 정점에 도달하였다. 이 정점이 바로 그 유명한 환시, 즉 십자가 위의 "세라핌 모습을 하고 있는 사람 하나"의 환시이며, 훗날 프란치스코의 무덤 위에 지어진 대성당에 지오토 Giotto가 그린 프레스코화를 통하여 불멸하게 되는 오상의 출현이었다.[147] 토마스 첼라노가 쓴 프란치스코의 생애에 따르면, 당시 프란치스코는 라 베르나 산의 은수처에 머물고 있었다. 그곳에 있는 동안 프란스코는 "하느님의 환시 안에서", 여섯 날개를 가진 세라핌의 모습을 하고 있는 사람 하나를 자기 위에서 보았다. 그 사람은 여섯 날개를 가지고 있었고, 두 팔을 뻗고 있었으며, 두 발은 모아진 채 십자

---

147 이에 관해서는 지오토 작품에 대한 글과 예술을 종합적으로 연구한 다음 글을 참조하라: Chiara Frugoni, 『Francesco e l'invenzione delle stigmmate』, Turin, Einaudi, 1993.

가에 고정되어 있었다.[148] 이 이야기 속에서 프란치스코는 그 환시의 의미를 이해하지 못하였다. 그러나 기쁨과 슬픔이 교차하는 감정이 가득 차올랐다. 프란치스코는 그 천사가 보여준 "아름다움"과 "인자한 모습"에 기뻐하였다. 그러나 그가 십자가에 못 박혀 있다는 사실에 슬퍼하였다. 혼란스러워진 프란치스코는 도저히 그 뜻을 정확히 알아내지 못하여 그 환시의 뜻을 계속 곰곰이 생각하였고, 곧이어 그의 손과 발에 "그 못 자국들이" 나타나기 시작하였다. 이는 프란치스코가 환시에서 본 십자가에 못 박힌 세라핌 사람에게서 본 것이었다. 그리고 첼라노는 그 못자국에 대하여 다음과 같이 더 자세하게 묘사한다. "못대가리" 같은 것이 손바닥과 발등에 나타났고, 그 반대편에는 "작은 살점들이" 못의 끝 모양을 하고 있었다. 그의 오른쪽 옆구리는 "마치 창에 찔린듯" 상처가 덮고 있었고, 그의 옷을 피로 적셨다.

정작 프란치스코는 자신의 어떤 글에서도, 심지어 생애 말엽에 작성한 「유언」에서도 이 체험을 언급하지 않는나. 도미스 첼라노는 프란치스코의 두 번째 생애에서 프란치스코가 상처를 덮어 가렸던 두꺼운 가리개를 이야기하고 있고, 목격자들로부터 그 상처들을 숨기기 위한 프란치스코의 조심성에 관해 기록한다. 심지어 프란치스코는 자기 동료 형제들에게도 그 상흔을 보여주지 않았다. 그러나 프란치스코의 생전에 최소한 두 명의 형제가 그 상처를 보았던 것으

---

148 『1첼라노』, 94.

로 언급된다.[149] 프란치스코의 죽음과 장례를 전하는 장면 중 산 다미아노의 클라라와 자매들에게 프란치스코의 시신이 공개되는 묘사에서도 프란치스코의 오상이 중요한 역할을 한다. 또한, 프란치스코의 오상은 아씨시 시민들의 공경을 받게 된다. 이 상처들은 "성경에서도 듣거나 읽어 본 적이 결코 없었던" "새로운 기적"으로 칭송되었다.[150]

프란치스코의 몸에 난 상처가 프란치스코 자신에게 무엇을 의미하였는지에 대해서는 알 길이 없다. 이에 관해 그가 직접 남긴 말이 없기 때문이다. 오상이라는 "새로운 기적"에 대단한 열정이 있었고, 또한 프란치스코의 장례 예식을 목격 증인으로 보고하는 듯한 토마스 첼라노도 정작 프란치스코의 오상에 관한 묘사에서는 프란치스코 자신도 그 환시나 그것의 중요성을 이해하지 못했다는 인상을 남긴다. 프란치스코가 "그리스도와 일치한" 사람으로서 세상을 떠났다는 사실은 훗날 논평자들에게 깊은 인상을 남겼다. 프란치스코는 그리스도의 수난에 대한 그의 깊은 동정심, 산 라자로 요양소의 환자들에게 가졌던 깊은 연민, 또한 피조물에 대한 부드러운 연민으로 인하여 마치 "딴 세상 사람"으로 비쳤다.[151] 이제 그는 초기 동료 중 한 명의 작은 형제에서 "성인"이 되었다. 그리고 성 프란치스코는 이 시점

---

149 『2첼라노』, 135-138.
150 『1첼라노』, 112.
151 『1첼라노』, 36.

부터 "프란치스칸 영성"의 모범으로서 중요한 역할을 하게 된다.

이제 프란치스코의 영성이 프란치스칸 영성으로 넘어가기 시작하였다. 프란치스코의 오상은 프란치스코 사후 곧바로 이어진 후대 프란치스칸들에게 매우 중요한 것이었기 때문이다.

보나벤투라

오늘날 "십자가의 신비주의"로 명명할 수 있는 보나벤투라의 신비주의는 그가 저술한 프란치스코의 『대전기』를 조직하는 주요 원리로 작용한다. 보나벤투라는 이 글에서 프란치스코 삶의 다른 여러 단계에 찍혀진 "일곱 번에 걸친 그리스도의 십자가에 대한 환시"에 관하여 이야기한다.[152] 이러한 구조는 『하느님께 나아가는 정신의 여정』에서도 나타나는데, 보나벤투라는 이 구조를 따라 우선하는 여섯 환시를 라 베르나의 정상으로 이끄는 사전 준비 단계로 보았다. 세라핌의 환시와 오상 자국의 새겨짐이 이 환시의 가장 위대한 정점에 있었다.

> 그리스도의 참된 사랑은 이제 당신을 사랑하는 사람을 당신의 모습으로 변화시켰다. 혼자 떨어져 보내기로 했던 사십일이 지나고 성

---

152 『대전기』, 13,10.

미카엘 축일이 왔을 때 성 프란치스코는 산에서 내려왔다. 몸에 나무나 돌에 새기는 어느 예술가가 이룬 것이 아니라 살아 있는 하느님의 손으로 다시 새긴 십자가에 못 박히신 그리스도의 표시를 지니고 있었다. "세상 임금의 비밀은 감추는 것이 좋다."(토비 12,7) 그래서 왕인 비밀을 함께 나누어 갖고 있다는 것을 깨달은 프란치스코는 그 거룩한 오상을 숨기려 최선을 다했다. 그러나 하느님께서 당신 자신의 영광을 위해, 그의 기적을 드러내셨다. 그분은 성 프란치스코에게 비밀히 오상을 찍어 주셨으되, 비록 숨겨져 있다 하여도, 그것의 기적적인 힘은 분명히 알려지도록 그 오상으로써 드러내 놓고 많은 기적을 행하셨다.[153]

정작 프란치스코가 가리킨 것은 그리스도의 십자가였지만, 프란치스칸 전통은 이제 그리스도의 표지, 표시, 혹은 모상을 담지한 이로서의 프란치스코를 가리키고 있다. 이는 프란치스칸 전통 안에서 광범위하게 나타나는 현상으로서, 프란치스코를 **길**이신 **그리스도**를 향하여 나아가는 길로서 이해하는 것이었다. 사실 보나벤투라는 오상 사건에 대한 자신의 이해를 『하느님께 나아가는 정신의 여정』의 조직 원리로 활용하였다.

---

153 『대전기』, 13,5.

폴리뇨의 안젤라

보나벤투라와 동시대인이었던 폴리뇨의 안젤라는 프란치스칸 전통 안에 존재하던 이러한 두 가지 경향, 즉 프란치스코에 대한 신심과 십자가에 못 박힌 그리스도에 대한 신심 모두를 증언한다. 안젤라의 환시 체험 중 가장 초기에 있었던 체험을 보면, 어떻게 프란치스코와 그리스도가 안젤라의 인식 안에서 연결되는지 볼 수 있다. 안젤라는 한 무리의 동료들과 함께 폴리뇨를 출발하여 프란치스코의 최종 안식처인 아씨시 성 프란치스코 대성당으로 성지 순례를 떠난 적이 있었다. 안젤라는 성 프란치스코 대성당을 처음으로 방문한 후 다시 방문하게 되는데, 그에 관해서 다음과 같이 이야기한다.

> 그리고 나서 두 번째로 방문했을 적에, 나는 성당 입구에서 정중히 무릎을 꿇자마자 그리스도가 성 프란치스코를 바짝 끌어안고 있는 모습을 그린 스테인드글라스를 보았고, 그리스도께서 나에게 이렇게 말씀하시는 것을 들었습니다. "그래서 나는 너를 이렇게 가까이 끌어안을 것이다. 그리고 육신의 눈이 볼 수 있는 것보다 훨씬 더 가까이 끌어안을 것이다."[154]

폴 레찬스Paul Lechance는 안젤라의 신비주의에 관한 연구에서 "안

---

154   Lechance, 141.

젤라가 십자가에 못 박히신 수난받는 예수와 나눈 열정적인 사랑은 안젤라의 여정에 있어 중심적이고도 조직적인 원리이다"라고 말한다.[155] 안젤라는 자신의 『회상록』에서 이 열애熱愛를 묘사하기 위하여 부드럽고도 애정 어린 말을 사용한다. 안젤라의 신비주의는 다른 프란치스칸 신비주의자들과 마찬가지로 마음으로부터 이야기하는 것이었으며, 다른 프란치스칸들도 프란치스코에게서 알아차렸던 기쁨과 연민의 혼합체를 그대로 반복하는 것이었다.

또한, 안젤라는 십자가에 못 박히신 분과의 또 다른 일치 체험을 묘사하는데, 여기서는 아씨시 성 프란치스코 대성당에서 안젤라가 앞서 받았던 약속이 실현되는 것으로 보인다.

> 어느 날 나는 저녁 기도 중에 있었고, 십자가를 응시하고 있었다. 그리고 육신의 눈으로 십자가를 응시하는 동안 갑자기 내 영혼이 사랑으로 불타올랐다. 그리고 내 몸의 모든 부분이 대단한 기쁨으로 그 사랑을 느꼈다. 나는 그리스도께서 십자가에 못 박히신 바로 그 팔로 나의 영혼을 품어 안으며 내 안에 계신 것을 느꼈다 … 때때로 내 영혼이 그리스도의 옆구리 안으로 들어가는 것처럼 보였다. 그리고 그것은 커다란 기쁨과 즐거움의 원천이었다. 그리스도의 옆구리 안으로 들어가는 체험은 실로 너무나 기쁜 체험이어서 그것을

---

155   Lechance, 85.

표현할 수도 없었고 말로 옮길 수도 없었다.[156]

윗글에서는 십자가 안에서 누렸던 안젤라의 기쁨과 즐거움, 그리고 그리스도의 옆구리에 난 상처의 중요성이 부드러운 사랑의 언어로 표현되었다. 이러한 부드러운 사랑의 언어는 프란치스칸 전통에 속한 다른 작가들의 수난에 대한 묵상 안에서도 나타난다.

밀라노의 야고보

야고보 형제는 13세기 후반에 활동했을 것으로 추정되는 밀라노의 신학 스승이었다. 야고보의 생애에 관해 우리가 아는 바는 겨우 이 정도일 뿐이다. 야고보의 작품들은 오랫동안 다른 이의 작품으로 여겨졌는데, 그중에서도 특히 보나벤투라의 작품으로 여겨졌다. 그의 작품 중 프란치스칸 영성에 크게 이바지한 것은 그리스도의 수난에 관한 여러 묵상 모음집인 『사랑의 가시(Stimulus amoris)』이다(이 작품은 14세기 잉글랜드의 신비가 월터 힐튼Walter Hilton이 영어로 번역한 바 있다). 『사랑의 가시』는 그 내용의 정점에서 관상을 통한 완덕의 삶을 다루고 있다. 『사랑의 가시』라는 이 작품의 제목은 농부가 한 무리의 소들을 "자극"하기 위하여 사용하던 막대기를 상기한다. 한 사람이 주님의

---

156 Lechance, 175-176.

길을 참으로 따를 수 있도록 만드는 유일한 자극은 바로 사랑이다.

그러나 이 작품에서 프란치스코의 모습은 묵상의 기초로 제시되지 않으며, 다만 도입 기도문에서만 한번 언급될 뿐이다. 또한, 이 작품의 신학은 프란치스코의 그리스도 중심적이고 삼위일체적인 신학이 아니라 전형적인 스콜라 신학 형태를 띠고 있다. 그러나 심원한 사랑과 평화의 감각으로 특징지어지는 그리스도의 수난에 대한 애정 어리고 부드러운 접근은 프란치스칸 전통에 속한 다른 작품들과 완벽한 조화를 이루고 있다.[157]

야고보의 작품에 나타나는 이미지 중 다른 프란치스칸 신비가들에게도 나타나는 이미지, 그중에서도 특히 안젤라에게서도 반복되어 나타나는 이미지가 있는데, 그것은 곧 신비적 일치 체험 안에서 그리스도의 옆구리에 난 "상처로 들어감"에 관한 묘사이다.

> 나의 주 예수 그리스도의 지극히 사랑받는 상처들이여! 내 눈을 뜨고 그 상처에 들어가자, 상처들은 온통 피로 가득 차 있었다. 나는 다른 어떤 것도 보이지 않았고, 그리스도의 사랑이라는 내부 장기의 심연으로 들어가고 싶었기에, 그곳으로 들어가기 시작했다. 그리스도의 사랑은 내 온몸을 감싸고 있었고, 다시 돌아갈 그 어떤 가능성도 앗아갔다. 여기서 나는 그리스도를 양육하는 그 양분을 섭

---

157 이에 관해서는 다음을 보라: Chiara Giovanna Cremaschi, 「Giacomo da Milano: Introduzione」, 『I mistici』, I, 801-804.

취하며 그리스도가 마시는 음료로 흠뻑 취하였다. 나는 달콤함에 흠뻑 빠졌고, 그 달콤함은 너무나 커서 독자들에게 [그것에 관하여] 말하는 것조차 불가능하다. 죄인에 대한 사랑으로 동정녀의 품 안에 머물렀던 그리스도는 이제 황송하게도 비천한 나를 당신의 안쪽으로 데리고 갔다. 그러나 나는 이제 내가 누리던 그 기쁨이 사라질, 곧 다가올 탄생의 순간을 대단히 두려워한다. 여하튼 그리스도가 나를 출산한다면, 그리스도는 필시 어머니와도 같이 그의 가슴으로 나를 젖 먹일 것이고, 당신 손으로 손수 나를 씻길 것이며, 당신 팔로 나를 들 것이고, 당신의 입맞춤으로 나를 위로할 것이며, 당신 무릎 위에서 나를 어루만져 주실 것이다. 이제 나는 내가 해야 할 바를 알고 있다. 그리스도께서 나를 출산해 주시기를! 그리스도의 상처는 언제나 열려있고, 나는 그 상처를 통하여 다시 한번 그분의 자궁으로 들어갈 것이다. 그리고 내가 그리스도와 불가분의 관계가 될 때까지 지치지 않고 이를 계속할 것이다.[158]

상처와 자궁, 출산과 탄생, 젖 먹임과 어루만짐 등 이 모든 이미지는 "어머니로서의 예수"를 떠올리게 한다. "어머니로서의 예수"는 다른 여러 작가 중에서도 12세기와 13세기의 시토회 작가들의 보편

---

158 「Stimulus amoris」, chap. XIV, 『I mistici』, I, 848-849. 이 글은 Walter Hilton (+ 1396)이 해설과 함께 『The Good of Love』라는 제목으로 번역한 바 있다. 현대 영어 번역본은 다음의 책에 실려 있다: C. Kirchberger, 『The Good of Love』, London, Faber and Faber, 1952.

적인 주제였다.[159] 이 시토회 작가들은 생명을 전달하는 어둠 속에서의 관조적 "눈 멂"에 관한 놀랍도록 생동감 있는 표현을 덧붙인다.

피사의 바르톨로메오(Bartholomew of Pisa)

피사의 바르톨로메오(+ 1401)는 1385년부터 1390년 사이에 한 권의 책을 저술하였고, 그 책은 그리스도의 생애와 프란치스코의 생애에 관한 묘사로 큰 인기를 누렸다. 이 작품은 앞서 서술한 경향, 즉 프란치스코를 - 그중에서도 특히 프란치스코의 오상을 - "또 다른 그리스도"로 묘사하는 경향의 절정을 상징한다. 이 작품에는 『복되신 프란치스코의 생애와 주 예수의 생애의 유사함』이라는 제목이 붙여졌다.[160] 탄생부터 죽음에 이르기까지 프란치스코 생애의 사건들은 예수의 생애를 묘사하는 복음 이야기와 "유사"한 것으로 그려지고 있고, 구약과 신약 성경에 나타나는 다른 인물들과도 유사한 것으로 묘사한다. 때로는 그 내용이 너무 상세하게 그려지기도 한다(라틴어 편집본은 1,000쪽에 이른다). 아래의 이야기는 그러한 유사함을 묘사하는 좋은 사례 중의 하나이다.

---

159 이에 관해서는 다음을 보라: Carolyn Walker Bynum, 『Jesus as Mother: Studies in the Spirituality of the High Middle Ages』, Berkeley, University of California Press, 1982.
160 「De Conformitiate vitae beati Francisci ad vitam Domini Iesu」, 『Analecta Francescana』, IV and V, Quaracchi, PP. Collegii S. Bonaventurae, 1906, 1912.

하느님께서 창조하신 하늘과 땅은 경이롭고 위대하다. 그러나 대단한 성덕을 지닌 인간을 창조하신 것은 더 위대하다 … 아담을 당신의 모상과 유사함으로 창조하심은 위대하다. 그러나 프란치스코를 당신의 완전함과 육체적인 모상으로 변모시킴은 더 위대하다 … 하느님께서 시나이 산에서 모세에게 나타나시어 계명을 주심은 위대하다. 그러나 프란치스코가 라 베르나 산에서 체험한 그리스도의 환영과 오상의 직인으로 확인된 복음적 수도규칙은 더 위대하다 … 그리스도께서 쇠못으로 다른 이들로부터 십자가에 못 박히심은 경이롭다. 그러나 프란치스코가 바로 그 그리스도로부터 오상의 표식을 받고 피부의 못으로 못 박힌 것은 더 위대하다.[161]

오늘날 현대 독자들에게는 이러한 글이 과장되어 보일 수도 있다. 그러나 15세기 독자들에게는 그다지 충격적이지 않았고 오히려 널리 환영받으며 보급되었다. 하지만 종교개혁의 시작과 함께 이러한 형태의 언어는 강한 반작용을 불러일으켰다. 마틴 루터의 제자였던 에라스무스 알베르Erasmus Alber는 1542년 작성한 『알코라누스 프란치스카노룸Alcoranus Franciscanorum(프란치스칸들의 쿠란Koran)』의 초판에서 위에서 언급한 "유사함"을 비꼬며 공격하였다. 같은 해, 마틴 루터의 서문을 싣고 비텐베르크Wittenberg에서 출판된 이 책의 독일어 초판의 제목은 『맨발 수도승들의 익살과 쿠란(Der Barfüßermönche Eulenspiegel und

---

161 참조: 『I mistici』, 1084-1085.

Alkoran)』이었다. 이 작품은 프란치스코를 "또 다른 그리스도"로 기념하던 예찬을 상스러운 미신이 섞인 터무니 없는 과장의 대표적인 사례로 지목하며, 성인들에 대한 가톨릭 대중 신심을 통렬하게 비판하였다.

카밀라 바티스타 바라노 Camilla Battista Varano

카밀라 바티스타 바라노(+ 1524)는 1481년에 건강 문제와 아버지의 반대에도 불구하고 23세의 나이로 우르비노Urbino에서 클라라회 수녀가 되었다. 1484년에는 카메리노Camerino에 설립된 새 수녀원의 원장 역할을 수행하기 위하여 다시 카메리노로 돌아왔다. 카밀라가 저술한 작품 중에는 1483년 우르비노에서 작성한 『그리스도에 대한 기억(Ricordi di Cristo)』, 1488년에 카메리노에서 작성한 『그리스도의 정신적 수난(I dolori mentali di Cristo)』, 1491년에 작성한 자서전인 『영성 생활(Vita spirituale)』 등이 있다.[162]

아래의 지문은 카밀라의 자서전에서 취한 것으로, 프란치스칸 영성 전통에서 지속된 정서적 특징과 수난받는 그리스도에 대한 집중을 드러낸다. 카밀라는 세라핌 천사의 방문을 받았다. 그리고 그녀는 "그리스도와 함께 하기 위하여 육체라는 감옥을 떠나기"를 갈망하

---

162   Camilla Battista Varano, 「Vita spirituale」, 『Scrittrici mistiche italiane』, Giovanni Pozzi and Claudio Leonardi (eds)., Genoa, Marietti, 1988, 303.

는 마음으로 불타올랐다.

이 불타오르는 갈망으로 영혼과 육체 모두 격렬하게 고통받은 나는 하느님께 육체와 세상이라는 고통에서 자유롭게 해 달라고 애원하며 비통하게 울고 신음하였다. 그 후 어느 날 기도 중에 복되신 그리스도께서 나에게 커다란 위안을 주시는 듯 하였고, 당신의 팔로 내 영혼을 당신의 지극히 거룩한 가슴으로 끌어안으며 "그렇게 많이 울지 말거라"라고 반복하여 말씀하셨다. 당신의 다른 쪽 손으로는 내 영혼의 눈물을 닦으셨다. 그러나 나는 계속해서 많은 육체의 눈물을 쏟아냈다. 그리스도의 감미로운 말씀은 나의 눈물을 멈추지 못하였다. 사실 내 온 존재가 눈물로 녹아 들어갔고, 그리스도께 이 육체라는 감옥에서 나를 해방해 달라고 더욱더 애원하였다. 마침내 그리스도께서 "아직은 안 된다"고 말씀하셨다. 그리고 그는 많은 곳에 묶인 당신의 지극히 강한 손을 보여주셨고, 이렇게 말씀하셨다. "이 모든 것은 네가 죽지 않도록 형제자매들이 바친 기도이다. 너무 조급해하지 말거라."[163]

여기서 우리는 "이 세상에 대한 부정"이라는 고전적 영성 주제에 이른다. 이 주제는 피조계의 다른 "형제자매들"에 대한 사랑으로부터 멀어지는 듯한 인상을 준다. 피조계의 "형제자매들"에 대한 사랑

---

163 「Vita spirituale」 8, 『Scrittrici mistiche italiane』, 324.

은 프란치스코에 관한 대중적 묘사에서 대단히 중요한 부분을 형성하였던 것이다. 사실 트리엔트 공의회 이후 가톨릭 개혁과 종교 재판이 부각되자, 당대의 다른 영성 작가들은 한때 프란치스칸 영성의 전형적인 특징을 드러내던 많은 작품을 차용하였다. 이러한 전개 과정을 다르게 표현하자면, 프란치스칸 전통의 주제들(그중에서도 특별히 그리스도의 수난에 대한 강조)이 16세기 무렵 가톨릭 전통에서는 이제 매우 흔한 주제가 되었고, 더 이상 "프란치스칸"이라고 특정해서 부를 수 없게 되었다는 것이다.

제7장
내 주님, 당신의 모든 피조물과 더불어 찬미 받으시옵고

오늘날 프란치스코에 대한 가장 보편적인 표현 중 하나라면 "새들의 성인"일 것이다. 어깨 위에는 늘 새들이 앉아 있고 발밑에는 때로 다람쥐와 토끼들이 노니는 아씨시의 가난뱅이는 이제 흔히 볼 수 있는 "시시한 작품"의 인물이 되었다. 이러한 작품들은 그것이 드러내는 피상적이고 감상적인 모습에도, 프란치스코 사후 곧바로 시작된 기나긴 예술 전통이 여전히 지속되고 있다는 점을 분명히 드러내고 있다. 여러 이야기 속에 묘사된 프란치스코의 모습은 당시에 대중적인 종교적 인상을 불러일으켰는데, 이는 자연, 특히 동물에 대한 흔치 않은 그의 명성에 기인한 것이었다.[164]

가난과 피조물에 관련해서는 프란치스코의 말과 행동의 동기를

---

164 이에 관해서는 다음의 상세한 연구를 참조하라: Edward Armstrong, 『Saint Francis, Nature Mystic: The Derivation and Significance of the Nature Stories in the Franciscan Legend』, Berkeley, University of California Press, 1976; Roger Sorrel, 『St Francis of Assisi and Nature: Tradition and Innovation in Western Christian Attitudes toward the Environment』, New York, Oxford University Press, 1988.

반드시 기억할 필요가 있겠다. 프란치스코는 19세기 이래 자연을 사랑하는 사람으로 묘사되었지만, 그는 그저 단순히 "자연"을 사랑한 이는 아니었다. 우리는 「태양 형제의 노래」에서 프란치스코가 직접 노래하는 바를 묵상하면서, 그의 형제자매였던 동료 피조물이 어떻게 그에게 사랑받는 아드님의 얼굴을 비추었는지를 이해하기 시작할 것이다.

프란치스코는 육화하신 아드님을 통하여 자기 자신을 알아갔다. 또한, 다른 피조물도 같은 견지에서 이해하였다. 인간뿐만 아니라 모든 피조물은 삼위일체의 선하신 하느님이라는 같은 원천에서 기인하고, 아드님이라는 같은 매개를 통하여 세상에 태어난다. 모든 피조물은 그리스도를 통하여 창조되었고, 그분은 이 세상 피조물 중 하나가 되었다. 바로 여기에 프란치스코가 모든 피조물을 향해 보여준 놀라운 관심과 존경과 애정의 기초가 있다. 프란치스코를 포함한 모든 피조물은 육화하신 하느님 아드님의 "동료 피조물"이었고, 따라서 그들은 프란치스코에게 "형제자매들"이었다.

피조물과 관상

프란치스코가 만든 「태양 형제의 노래」는 성인이 형제들과 함께 노래하던 곡조가 붙은 시문이었다. 이 노래를 통하여 우리는 프란치스코가 다른 피조물과 가졌던 관계를 엿볼 수 있다. "내 주님, 당신의 모든 피조물과 더불어 찬미 받으시옵고, 그 가운데 각별히 주인이신 해님 형제와 더불어 찬미 받으소서. 해님은 … 지극히 높으신 당신의 모습을 지니나이다." 이어서 나타나는 찬미 호칭 기도 안에서는 달 자매와 별들, 불 형제와 바람 형제, 물 자매와 "우리 어머니인 땅 자매"가 뒤따른다. 이는 다니엘서의 「세 젊은이의 노래」(다니 3,57-88)와 유사한 형식이다.

중세 움브리아 지방어로 작성된 「태양 형제의 노래」는 "로다토 시 페르lodato si per"라는 반복적인 구절로 "내 주님"에게 노래되고 있다. "로다토 시 페르"는 "~에게 찬미 받으소서", 혹은 "~을(를) 통하여 찬미 받으소서"로 번역될 수 있겠다. 이 노래에 나타나는 형제자매들 모두에게 이름이 붙여진 것과 같이, 각 피조물이 간략하게 묘사된다. 해님 형제는 "우리를 비춘다." 달 자매와 별들은 마치 보석과 같이 "빛 맑고 귀하고 어여쁘다." 불 형제는 "밤을 밝힌다." 어머니인 땅 자매는 "울긋불긋 꽃들과 풀들과 온갖 열매를 낳아준다."

프란치스코는 땅, 바람, 불, 물이라는 우주의 4대 원소를 노래한 뒤 용서하는 이들, 시련을 견디어 내는 이들, 평화를 지키는 이들 등 인간 형제자매들에 대한 찬가를 노래한다. 토마스 첼라노가 보고하는 바와 같이 프란치스코는 죽음을 준비하며 다음의 마지막 구절을 덧붙인다. "내 주님, 우리 육신의 죽음 자매를 통하여 찬미 받으시옵소서." 이 구절에서는 죽을 죄를 짓고 죽는 이들은 불행하고, "당신의 지극히 거룩한 뜻"을 실천하며 죽는 이들은 복되다고 묘사된다.

우리는 「태양 형제의 노래」를 통하여 프란치스코가 주의 깊게 바라보던 주위 세계를 향한 그의 민감함을 그가 몸소 말한 언어로 듣는다. 당대의 카타리 이단처럼 세상을 거부하거나 혹은 이원론적 종교 운동의 배경에서 보자면, 세상을 형제자매적 관계로 보는 이 찬가는 더욱더 두드러져 보인다.

    토마스 첼라노는 프란치스코가 "사물의 숨겨진 비밀을 간파하였다"고 기록한다.[165] 프란치스코의 주위 사람들은 피조물을 "형제" 혹은 "자매"로 부르던 프란치스코의 모든 피조물에 대한 경의와 부드러운 애정을 알아채고 있었다. 「태양 형제의 노래」를 이해하면 피조물에 대한 프란치스코의 사랑을 묘사하는 초기 사료의 수많은 이야기를 더 쉽게 이해할 수 있다. 프란치스코의 초기 동료 중 일부는 첼라노에게 프란치스코의 생애 작성에 사용할 이야기를 전해주곤 하였는데, 이들은 많은 피조물 앞에서 프란치스코가 가졌던 경의, 애정, 기쁨을 언급하곤 하였다.

> 프란치스코는 사랑의 정신과 동정심으로 가득했다. 그는 필요한 사람에게만 그랬던 것이 아니라 말 못하는 짐승들, 파충류나 조류, 그 밖의 감각이 있는 피조물과 감각이 없는 피조물에게도 그러했다 … 성인께서 아름다운 꽃의 자태를 보고 향긋한 방향을 맡을 양이면, 이 꽃의 아름다움이 얼마 만 한 기쁨을 그의 마음에다 부어넣었는지를 독자 여러분께서 생각할 수 있을는지? … 그는 꽃 무리를 보게

---

165   「1첼라노」, 81.

되면 꽃에게 이성이 있는 양 설교를 하였고 주님을 찬미하도록 권하였다. 같은 식으로 그는 잡곡밭, 포도밭, 돌, 숲 그리고 들에 있는 예쁜 열매들, 흐르는 샘물, 동산의 푸른 풀이나 나무, 땅 그리고 불, 공기, 바람에게 하느님을 사랑하고 기꺼이 하느님께 봉사하도록 가장 성실하고 순수한 마음으로 권하였다.[166]

첼라노는 또한 세 가지 관련된 일화를 통하여 프란치스코가 토끼, 물고기, "물새"를 받아 안는 장면을 묘사한다. 프란치스코는 매번 이 동물들을 "애정 어리게" 받아 안았고, 그들을 "형제"라는 이름으로 불렀다. 프란치스코는 "기뻐하였고", 곧 기도에 빠져 들었다(이는 다소 이상한 관상의 순간이라 하겠는데, 호수 위에 떠 있는 배 위에 앉아 오리 한 마리를 껴안고 즐겁게 하느님께 빠져드는 모습이기 때문이다). 기도에서 "돌아온" 프란치스코는(마치 일종의 무아지경에 빠졌다가 돌아온 것처럼) 동물을 자유로이 놓아 주었다. 프란치스코는 동물이나 물고기나 새를 단지 만지거나 안고 있는 것만으로도 무아지경에 빠졌는데, 이는 그 피조물이 그리스도를 통하여, 그리고 그리스도를 위하여 창조되었기 때문이었다. 그 피조물들은 그리스도의 흔적을 품고 있었다. 이들은 프란치스코가 사랑하던 그리스도에 대한 암시이자 그의 메시지였으며 전령이었다.

---

166 「1첼라노」, 77; 81.

잔꽃송이

프란치스코의 제자들 사이에서 유포되던 구전에서 기인한 사료 중에는 이탈리아 문학의 고전 중 하나인 『성 프란치스코의 잔꽃송이(I Fioretti di san Francesco)』라는 작품이 있다. 이 작품은 라틴어로 작성된 『복되신 프란치스코와 그의 동료들의 행적(Actus beati Francisci et sociorum eius)』을 14세기 후반에 번역한 것으로, 라틴어본은 아마도 1327년과 1340년 사이에 몬테지오르지오의 우골리노(Ugolino da Motegiorgio)가 작성한 것으로 보인다. 『잔꽃송이』는 그 어떤 초기 사료 이상으로 자연 신비가, 동물을 사랑하는 프란치스코의 대중적인 상豫을 형성하였다.

이러한 전승의 생생함과 활력을 잘 드러내는 사례를 두 가지 이야기를 선택하여 살펴볼 수 있는데, 첫 번째 이야기는 매우 유순한 피조물에 관한 것이고, 두 번째는 대단히 사나운 피조물에 관한 이야기이다.

> 한 청년이 산비둘기를 여러 마리 잡아서 팔려고 가지고 나갔다. 성 프란치스코는 온순한 동물에 대하여 늘 자애로운 마음을 가지고 있었는데, 그 청년을 만나자 가엾은 표정으로 그 산비둘기를 바라보다가 그에게 "여보게 젊은이, 이 비둘기를 저에게 주시지 않겠습니까?" 성경에도 비둘기는 순결하고 겸손하고 신앙 깊은 영혼에 비유되고 있지 않습니까? 이 유순하고 순결한 새가 자기를 죽이려는 포악한 사람의 손에 넘어가서야 되겠습니까? 청년은 … 비둘기를 전

부 성 프란치스코에게 드렸다. 성인은 그 비둘기를 품에 안고 귀여운 듯이 이야기하였다. "단순하고 티없고 순결한 나의 비둘기야, 너희들은 어찌하여 잡혔니? 그러나 나는 지금 너희들을 죽음의 손에서 건져내어 너희를 지어내신 이의 명대로 거기서 새끼를 낳고 번성하도록 집을 지어주겠다."

프란치스코는 새들에게 둥지를 장만해 주었고, 새들은 새로운 거처에 익숙해지자 "형제들이 보는 데서 알을 낳아 새끼를 키웠다." "그것들은 성 프란치스코와 여러 형제와 무척 친해져서, 마치 예전부터 길러온 집 닭과 같았다."[167]

이러한 이야기들은 프란치스코 사후에 널리 퍼져나갔는데, 위의 일화에 나타나는 매력적인 단순성은 그러한 이야기들이 누리던 대중성을 잘 드러낸다고 하겠다. 『잔꽃송이』에 실린 모든 이야기 가운데 가장 유명한 것이라면 아래에 서술되는 난폭하고도 위협적인 짐승에 관한 이야기일 것이다.

"무섭고도 사나운 늑대" 한 마리가 굽비오의 시민들을 공포에 떨게 하였고, 프란치스코가 도움을 주기 위해 나섰다. 프란치스코가 그 늑대를 만나러 나가자 늑대는 "입을 딱 벌리고" 성인에게로 다가왔다. 프란치스코는 성호를 긋고 늑대를 불렀다. "내 형제 늑대야, 그리스도의 이름으로 명하니 나도 또 다른 누구도 해치지 말아라." 그러

---

167 『잔꽃송이』, 22.

자 그 "사나운 늑대"는 입을 다물고 주춤하면서 멈추었다. "그리고 명령대로 가까이 와 어린 양처럼 온순하게 성 프란치스코의 발밑에 드러누웠다."

그리고 성인은 늑대와 굽비오 시민들의 화해를 이끌었다(늑대 형제는 꼬리를 흔들고 머리를 끄덕임으로써 자기도 동의함을 표시했다). 늑대는 더는 해를 끼치지 않겠다고 승낙하였다. 늑대는 배고픔 때문에 흉포해졌으므로(프란치스코는 불안해하던 시민들에게 그렇게 설명하였다), 굽비오 시민들은 늑대가 살아 있는 동안 먹을 것을 주겠다고 약속해야 했다. 이 "평화조약"을 확정 짓기 위하여 늑대는 프란치스코의 요청으로 "앞발을 들어 성 프란치스코의 손바닥에 얹었다." "굽비오의 무섭고도 사나운 늑대" 이야기는 예수 그리스도와 작고 가난한 사람인 프란치스코에 대한 찬미로 마무리된다.[168]

『잔꽃송이』는 동물을 사랑하고 그들과 친교를 나누며 길들이는 성인의 대중적인 이미지를 묘사한다. 이는 천국의 상태로 돌아온 성인을 그리는 그리스도교 성인전의 전형적인 주제를 떠올리게 한다.[169] 프란치스칸 전통은 또한 중세 신학 연구 중심지인 파리 대학에서도 프란치스코와 그의 피조물에 대한 사랑에 관한 통찰을 신학적인 언어로 작업하였다.

---

168 『잔꽃송이』, 21.
169 이에 관해서는 필자가 이전에 작성한 다음의 글을 참조하라: 『Saints in the World of Nature: The Animal Story as Spiritual Parable in Medieval Hagiography A. D. 900-1200』, Rome, Pontifical Gregorian University, 1983.

보나벤투라의 피조물관

창조의 중심으로서의 그리스도에 대한 프란치스코의 깊은 이해는 보나벤투라 안에서 그 신학적 표현을 갖추었다.[170] 재커리 헤이스 Zachary Hayes는 보나벤투라에게 있어 그리스도라는 주제가 시간이 지남에 따라 점점 더 주요한 신학 주제가 되었다고 설명한다. "그리스도론적 신비의 핵심은 실재하는 모든 것의 중심이 예수 안에서 육화되었고, 역사적으로도 알아볼 수 있는 것이 되었다는 사실이다."[171]

보나벤투라는 창조를 그리스도 중심적인 업적으로 이해하였고, 그 업적을 우리 인간이 이해할 만한 방법에 관하여 묵상하면서 "전형(典型, exemplar)"이라는 단어를 사용한다. 이 단어는 "원형(原型, prototype)" 혹은 "모범(model)"으로 사용될 수 있겠다. 하느님은 모든 것의 전형이고, 예수의 인간성은 그 전형의 표현이다. 모든 피조물은 그리스도 안에서 그 꼴을 갖추었다. 보나벤투라는 그러한 통찰을 분명히 하기 위하여 13세기 숙련공(아마도 파리의 숙련공)의 흔한 사례를 활용한다.

> 하나의 [전형은] 내적이다. 이는 마치 숙련공이 자기 제작물을 생산

---

170 이에 관하여 이전에 필자가 작성한 견해는 다음을 참조하라: 『The Franciscans』, 114-115.
171 Zachary Hayes, 「The Life and Christological Thought of St. Bonaventure」, 『Franciscan Christology』, ed. McElrath, 63.

하기 위하여 따르는 동기와 같이 숙련공의 마음 속에 있는 것이다. 또 다른 [전형]은 외적이다. 기술에 문외한인 사람이 그 외적 전형을 바라보고 그것을 따라 어떤 특정한 방향으로 일을 진행하는 것인데, 이는 제화공의 경우에서 분명히 드러나듯이 마치 기술 숙련공이 외부에 만들어진 형틀에 따라서 물건을 만드는 것과 같다.[172]

그리스도는 제화공의 작업대, 혹은 하느님의 만유의 작업대 위에 올려진 잘 만들어진 신발과 같은 원형, 모범, 혹은 전형이다. 각 피조물과 피조물을 구성하는 모든 부분은 육화하신 말씀이신 예수 그리스도를 모델로 만들어졌다. 보나벤투라는 바로 이런 방식으로 피조물을 이해하는데, 이는 그리스도를 통하여 하느님께 나아가는 방법으로서의 프란치스코의 모범을 따르는 것이었고, 피조물을 하느님을 찾아가는 과정에서 극복해야만 하는 장애물로 보지 않는 것이었다. 보나벤투라는 피조계에 대한 묵상을 프란치스칸 신비 신학의 전체적인 도면 안으로 통합한다. 이는 『하느님께 나아가는 정신의 여정』안에 묘사되어 있으며, 여기서 피조물은 관상의 정점으로 향하는 상승 과정 중 하나의 단계로 비유되고 있다.

하느님을 그의 흔적 안에서 관조하도록 우리를 이끌어 준 첫 두 단

---

[172] Hayes, 『Franciscan Christology』, 79.

계로부터, 마치 세라핌 천사의 두 발을 감싸 주는 두 날개에서 보는 것처럼, 감각적 세계의 모든 피조물은 지혜로운 자와 관조하는 자를 영원하신 하느님께로 이끈다는 결론을 얻을 수 있다. 그런 연유로 만물은 지극히 힘세시고, 지극히 지혜로우시고, 지극히 선하신 '제일 원리', 영원한 원천, 빛, 충만, 그리고 이유, 모델, 규범이신 저 예술로 이끌어 준다. 우리는 '그림자, 반향, 그림들'을 가지고 있고, 우리 앞에는 '흔적, 모상, 거울들'이 있으며, 그것들은 우리가 이 세상에서 하느님을 발견할 수 있도록 신령스럽게 주어진 '표지들'이다.[173]

보나벤투라가 전개한 신학 전통은 피조물을 그리스도를 발견하는 하나의 방편으로 이해하는 전통이었다. 이 전통을 지속하는 소임은 그의 후계자 중 하나였던 요한 둔스 스코투스와 프란치스칸 "창조 신학"의 근대 해석가들에게 남겨지게 된다. 그러나 이 주제에 관한 신학적인 측면을 살펴보기에 앞서, 이 세상에 대한 프란치스코의 직관, 즉 이 세상(창조, 피조물, 자연)은 광명으로 인도되기를 고대하며 그 세상 내면에 창조주의 계시를 담고 있다는 프란치스코의 직관에 대한 생생한 이해 - 조직적인 형태는 아니지만 - 를 증언한 다른 영성가들을 살펴보도록 하겠다.

---

173 보나벤투라, 「하느님께 나아가는 정신의 여정」, 2, 11, 42.

안젤라의 피조물에 대한 신비적 전망

학문적 견지에서 볼 때 폴리뇨의 안젤라는 신학자는 아니었지만, "신학자들의 스승"(예컨대, 우베르티노 다 카살레는 안젤라의 제자였다)으로 여겨진다. 이는 안젤라가 가졌던 하느님 체험의 생생한 표현에 기인한 것이었다. 안젤라가 체험했던 무아지경의 환시는 대개 그리스도의 수난과 관련되어 있었지만, 그녀 주위의 피조계 역시 그녀의 신비 체험에서 특별한 자리를 차지하고 있었다. 안젤라는 아래에 서술되는 구절에서 「태양 형제의 노래」를 그대로 반향하는, 하느님으로 가득 찬 세상에 대한 "형언할 수 없는 체험"을 묘사한다.

> 그 후 [하느님은] 덧붙이셨다. "나는 너에게 내 권능에 관한 무엇인가를 보여주고 싶다." 그리고 곧바로 내 영혼의 눈이 열렸고, 나는 환시 속에서 하느님의 충만함을 바라보았다. 이 하느님의 충만함 안에서 나는 피조물 전체를 이해하고 바라보았다. 즉 여기 있는 것과 바다와 심연과 바다 그 자체와 그 모든 것 너머에 있는 것을 이해하고 바라보았다. 그리고 내가 바라본 그 모든 것 안에서 하느님의 권능 외에는 아무것도 알아볼 수 없었고, 어떤 의미에서는 완전히 형언할 수 없다. 경이로 넘쳐난 내 영혼은 이렇게 외쳤다. "이 세상은 하느님을 잉태하고 있다!" 그러므로 나는 피조물 전체, 즉 여기에 있는 것과 바다와 심연과 바다 그 자체와 그 모든 것 너머에 있는 것이 얼마나 작은지를 알게 되었다. 그러나 하느님의 권능은

그 모든 피조물을 넘치도록 가득 채웠다.[174]

이 세상에 하느님이 가득 차 있어서 출산이 임박했다는 것처럼 들리는 안젤라의 이러한 세상 이해는 훗날 전개되는 육화에 관한 스코투스의 이론과 직접적인 관련이 있을지도 모른다. 안젤라의 맥락에서 볼 때 이 세상은 창조주를 출산하기를 간절히 바라고 있고, 지속해서 이 세상의 전형인 육화하신 말씀을 출산하는 과정에 있는 것이다. 이를 보나벤투라의 언어로 표현하자면 다음과 같다. "모든 피조물은 하느님의 말씀이다. 왜냐하면, 피조물은 하느님에 관하여 이야기하기 때문이다."[175]

스코투스의 피조물관

스코투스는 보나벤투라가 행하던 프란치스칸 신학자들의 지도자 역할을 이어받아 피조물이 하느님의 선^善과 육화의 위대함에서 기인한다고 이해하였다. 스코투스는 이미 프란치스코가 하느님을 묘사하며 간명하게 표현한 반복적인 어구인 "선"이라는 전망을 그대로

174　Lachance, 169-170.
175　재인용: Allegra, 81. [Commentary on Ecclesiastes, 『Opera Omnia』, Quaracchi, Patres Colegii S. Bonaventurae], 1882-1902, VI, 16.

되풀이한다. 또한, 『제1원리인 하느님』에 관한 작품의 도입부 기도문에서 다음과 같이 기도한다. "당신은 당신 선의 빛을 지극히 아낌없이 전달하는 무한한 선이십니다. 만물은 각자의 방법으로 지극히 사랑하올 당신, 만물의 최종 목적지인 당신에게 나아갑니다."[176] 이처럼 모든 것(인간과 모든 피조물)은 하느님이신 무한한 선을 온전히 사랑하고자 하는 "선천적인 경향"을 지니고 있다.[177] 모든 피조물이 사랑하고자 하는 이 선하신 하느님은 피조물을 향한 당신 자애의 외적인 표현에서뿐만 아니라 본래 고유한 하느님 당신의 자기 정체성(오늘날 표현을 사용하자면) 역시 사랑 혹은 자애이다.[178] 스코투스는 마니교도(아마도 프랑스 남부 지방의 카타리 이단)의 이론을 염두에 두며 다음과 같은 질문을 제기하는데, 이 질문은 스코투스의 프란치스칸적 직관의 일부를 드러낸다고 하겠다. "그들은 모든 존재자가 단지 존재자로서 선하다는 것을 보지 못하는가?"[179]

스코투스의 위대한 공헌 중 하나는 훗날 발전하게 될 피조물 영

---

176 Allan Wolter (tr.), 『A Treatise on God as First Principle』, Chicago, Franciscan Herald Press, 1966, 145.

177 재인용: Diomede Scaramuzzi, 『Duns Scoto, Summula: Scelta di scritti coordinati in dottrina』, (Edizioni 'Testi Cristiani'), Florence, Liberia Editrice Fiorentina, 1932, 86. [『Opus Oxoniense』, I, d. 2, q. 2, n. 31, Vivès edn, VIII, 477.]

178 재인용: Gabriele Allegra, 『My Conversations with Teilhard de Chardin on the Primacy of Christ: Peking 1942-1945』, tr. Bernardino M. Bonansea, Chicago, Franciscan Herald Press, 1970, 89. [『Ordinatio』, I, d. 17, q. 1-2, n. 173, Vatican edn, V, 222.]

179 재인용: Scaramuzzi, 『Duns Scoto』, 46. [『Opus Oxoniense』, Prol., q. 2, nn. 3-14, Vivès edn, VIII, 77-10.]

성에 이론적 틀을 제공했다는 점이다. 그러나 스코투스 이후의 프란치스칸 전통에서는 영성의 한 구성 요소로서의 피조물이라는 주제가 중요성을 상실해 간다. 설교자들은 자연 세계에서 윤리적으로 교훈적인 이야기의 사례를 취하기는 하였지만, 위에 언급된 바와 같은 피조물에 대한 명확한 관심 때문에 그런 것은 아니었다. 그보다는 이솝Aesop이나 몽테뉴Montaigne 우화처럼 청중들에게 악습과 덕행을 가르치기 위함이었고, 자연 현상, 특히 동물의 습성은 그러한 목적에 부합되게 활용되었다.

프란치스코가 당대인들에게 "새로운" 사람으로 여겨졌다는 점은 이미 언급한 바 있다. 피조계를 향한 프란치스코의 "새로운" 태도가 다시 발견되기까지는 스코투스 이후 몇 세기를 기다려야만 했다. 이 발견은 대부분 비非 프란치스칸 저자들에 의하여 이루어진다.

프란치스칸 피조물 영성의 회복

19세기에 이르러 프란치스코와 스코투스의 작품에 대한 새로운 관심에서 자연 세계라는 주제가 되살아나기 시작하였다. 이 주제에 대한 관심은 먼저 프란치스칸 운동 외부에서 시작되었고, 그다음으로 프란치스칸 운동 내부에서도 시작되었다. 19세기 초의 조셉 괴레스Joseph Görres라는 독일의 낭만파 학자가 프란치스코에 관한 작품 하나를 출판하는데, 여기서 프란치스코는 서정적 음유 시인, 자연을 찬미하는 사람, 피조물의 시인으로 묘사된다.[180] 1852년 프랑스에서는 성 빈센트 드 폴 회의 창설자인 프레데릭 오자남Frédéric Ozanam이 『성 프란치스코의 잔꽃송이』에서 발췌한 이야기와 함께 프란치스칸 작가들에 대한 시문을 작성하였다.[181] 이러한 작품들은 프란치스코가 자연에 대한 사랑으로 낭만주의 시 문학과 철학의 가치를 대변하는 가톨릭의 상징이 된 성인이라고 지목하기 시작하였다. 곧이어 잉글랜드의 시인 한 명과 웨일스에 있는 한 도서관은 당시의 자연 세계 관찰 및 과학적 연구에 대하여 새롭게 떠오르던 관심을 스코투스의 작품과의 대화로 이끌었고, 따라서 프란치스칸 전통에 대한 인식으로 다시 돌아갈 수 있도록 크게 이바지하였다.

옥스퍼드 연결 고리

1872년 8월 3일, 한 무리의 예수회 학생들이 휴가차 맨 섬(Isle of Man)에 도착하였다. 이들 중 한 명은 다음과 같은 글을 일기에 남겼다.

이번에 나는 배들리 Baddely **도서관에서 명제집**(Sentences)**에 관한 스**

---

180 Joseph Görres, 『Der heilige Franziskus von Assisi. Ein Troubadour』, Strasbourg, 1826.
181 Frédéric Ozanam, 『Les Poètes franciscains en Italie au Treizième siècle, avec un choix des Petites Fleurs de saint François traduites de l'italien』, Paris, 1852.

코투스의 글 한 부를 찾아내어 읽기 시작하였고, 새로운 열정의 충격으로 넘쳐났다. 이것은 아마 아무 소용 없는 헛수고가 되거나, 혹은 하느님의 자비일 것이다.

이날 이 일기의 도입부는 다음과 같이 계속된다. "그러나 나는 바로 그때부터 하늘이나 바다의 풍경을 이해할 때, 스코투스를 생각하게 되었다."[182]

맨 섬에서의 휴가 일기를 작성한 예수회원은 바로 제라드 맨리 홉킨스(Gerard Manley Hopkins, + 1889)이다. 영국 성공회에서 로마 가톨릭으로 개종한 홉킨스는 옥스퍼드 대학 학부를 뛰어난 성적으로 졸업한 후 예수회에서 수련기를 시작하였다. 그는 19세기 가톨릭 신학과 신新 스콜라 철학이라는 환경, 또한 세상을 강하게 적대시하던 당대의 영성이라는 맥락 안에서 자신이 윤리적으로나 영성적으로 잘못 양성되고 있다고 느꼈다. 홉킨스는 정작 구체적이고 개별적인 것, 특히 자연의 피조물에 큰 매력과 기쁨을 느끼고 있었다. 그러한 홉킨스의 매료된 상태는 다른 이들도 목격하고 있었다. 홉킨스가 아직 신학생일 때 스토니허스트Stonyhurst에서 지내던 예수회 형제 한 명은 다음과 같이 홉킨스를 기억한다.

---

182   Journal 161, Maurice B. McNamee, 「Hopkins: Poet of Nature and of the Supernatural」, Norman Weyand, 『Immortal Diamond: Studies in Gerard Manley Hopkins』, New York, Sheed & Ward, 1949, 228.

홉킨스의 특별한 기쁨 중 하나는 신학원(Seminary)에서 학교로 가는 길 위에 있었다. 샤워를 마친 홉킨스는 급히 달려 나와 몸을 구부려 다시 솟아 나온 태양빛에 빛나는 모래 조각들을 가만히 바라보곤 하였다. "아, 젖은 모래를 응시하려고 저 입구 앞에 구부려 앉은 이 상한 젊은이. 꽤나 자연스러운 홉킨스 군의 모습이군."[183]

그러나 홉킨스에게 자연의 사물에서 갖는 감각적인 기쁨, 그러한 매료된 상태는 곧 문제가 되었다. 그는 "천국의 것", "저 높은 곳에 있는 것"을 따르기 위하여 그 기쁨을 엄격한 금욕주의로 억누르거나 훈육해야 한다고 생각하였다. 홉킨스는 신학을 공부하는 동안 웨일스의 성 뷰노St Beuno에 있는 예수회 신학교 도서관에서 스코투스의 작품들을 우연히 접하게 되었는데, 이는 곧 "하느님의 자비"였다고 말할 수 있겠다. 홉킨스 역시 스코투스와 마찬가지로 옥스퍼드의 총명한 석학이었다. 이러한 "옥스퍼드 연결 고리"는 훗날 홉킨스가 작성한 시 중 하나인 「둔스 스코투스의 옥스퍼드(Duns Scotus' Oxford)」라는 작품에 영감을 불어넣었다. 제이 힐리스 밀러J. Hillis Miller는 홉킨스와 그리스도론에 관한 훌륭한 연구에서 다음과 같이 기록한다.

---

183 재인용: J. Hills Miller, 「The Univocal Chiming」, in Geoffrey H. Hartman, 『Hopkins: A Collection of Critical Essays』, Eaglewood Cliffs NJ, Prentic-Hall, 1969, 89. [Humphry House and Graham Storey (eds.), 『The Journals and Papers of Gerard Manley Hopkins』, London, Oxford University Press, 1959, 408.]

스코투스와 다른 신학자들의 가르침으로, 홉킨스의 육화에 관한 이론은 마침내 모든 것을 그리스도 안에서 창조된 것으로 이해하게 될 만큼 확장되었다.[184]

이는 하나의 경이驚異였다. 이는 또한 홉킨스가 로마 가톨릭으로 개종한 이후 내내 그를 괴롭히던 심각한 양심의 문제에 대한 해법이기도 하였다. 그는 스코투스의 작품을 읽으며 구체적이고 개별적인 사물에 대하여 신학적으로 긍정적인 전망을 갖게 되었다. 그는 물질 안에서 그리스도를 발견하였고, 이 발견을 자신이 작성한 시와 일기 형식의 산문으로 표현하였다. 홉킨스가 작성한 일기의 한 문구는 자연 안에서 갖는 편안한 기쁨, 그 새로운 발견을 다음과 같이 표현한다. "우리가 집으로 돌아올 때 별들이 빽빽이 들어찼다. 나는 뒤쪽으로 기대어 별들을 바라보았고, 평소보다 더 활짝 열린 나의 마음은 우리 주님을 찬미하였다. 그 모든 아름다움은 주님에게 돌아가고, 그 주님 안에서 돌아온다."[185]

홉킨스의 시는 그 자체로 스코투스의 육화 이해를 드러내는 하나의 본보기로 이해될 수 있다. 이 시인은 구체적인 것들을 주의 깊게 바라보는데, 심지어는 스토니허스트 신학교의 길 위에 있는 모래의 부서진 수정 결정체와 같이 아주 작은, 극미極微한 것까지도 주의

---

184 Miller, 111.
185 House and Storey, 254.

깊게 바라본다. 프란치스칸 전통의 견지에서 볼 때 그러한 홉킨스의 행동은 타당성을 지닌다고 말할 수 있는데, 그 이유는 아주 작은 모래알도 물질 안에서 육화 개념의 확장이라는 점에서 참으로 성찬례적이기 때문이다.

홉킨스의 일기에서 발췌한 문장 일부를 읽어보자. 여기서 홉킨스는 자연 현상에 관한 자신의 관찰을 기록하고 있다.

> 태양 아래 그것은 투명한 유화 같았지만 마치 색으로 가득 찬 듯하였다. 그것은 모두 하늘을 나는, 비스듬히 기울어져 휙 움직이는 "유랑자들"이다. 이들은 잇따라 걸음을 옮기고, 그 가장자리는 눈부신 올의 얽힘으로 흔들린다. 그 모습은 마치 하얀 손수건이 태양으로 던져진 모양이었지만, 그들 모두가 차례차례 땅에 내려앉도록 완전히 동시에 던져진 모양은 아니었다.[186]

예수회원 홉킨스가 프란치스칸 스코투스에게서 찾아낸 "자연의 문제"를 해결하는 열쇠는 기본적으로 육화하신 말씀의 인격이었다. 예수의 인간성, 더 특정하자면 예수의 몸이 곧 하느님이 모든 것을 창조하는 하나의 참조점이었다. 이를 보나벤투라의 언어를 빌려 말하자면, 예수의 인간성이 곧 창조의 전형典型적인 근거인 것이다. 예

---

186 House and Storey, 207.

수의 인간성이야말로 하느님이 모든 것을 창조할 때, 즉 햇빛의 하얀 손수건(구름), 별, 달팽이, 빗방울, 산소, 마그네슘, 양성자, 포도, 화산 등 그 모든 피조물을 창조할 때 그에 따라 만들기 위하여 참조한 모델인 것이다. 이 모든 피조물과 이들이 다른 모든 피조물과 가지는 관계는 바로 예수의 인간성이라는 근거에 기인한다. 이들은 모두 무엇인가를 하고 있다. 조금 이상한 표현이기는 하지만 그들이 하는 것은 바로 그들 자신이다. 그들은 그들 "자신을-행한다." 포도는 포도를 하고, 별은 별을 하며, 화산은 화산을 한다. 각각은 그것을 하면서 그 자신이 된다. 즉, 자기 자신을 하는 것이다. 홉킨스는 이것을 "존재를-행함"이라고 부른다.

이 존재를 행함은 그리스도를 행함이다. 피조물은 바로 그것을 하도록 만들어졌다. 이 개념은 이해하기 어려울 수 있고 아마 체험하기도 어려울 것이다. 그래서 이 개념이 무엇인지를 설명하기 이전에 이 개념이 **아닌 것**에 관하여 먼저 살펴보는 것이 더 나을 것이다. 그러고 나서 "왜" 이것에 대하여 다루는지 좀 더 이야기할 수 있겠다.

모래 알갱이와 그리스도 간의 관계가 **아닌** 것이 무엇일까? 모래 알갱이는 단지 그리스도에 대한 상징이 아니다. 물론 우리가 그렇게 보려고 애쓴다면 그럴 수도 있겠지만, 그러려면 모래 알갱이가 그리스도의 무엇인가를 "의미해야 한다." 우리는 모래 알갱이가 그 작은 크기로 그리스도의 겸손을 상징한다고 결론 내릴 수도 있겠다. 이는 굉장히 익숙한 종교적 언어의 사용이라 하겠다. 그런데 우리가 그렇게 사유思惟함으로써 한 일은 무엇일까? 우리는 모래 알갱이에 관한 형용사("작은")를 그리스도에 관한 형용사("겸손한")와 동일시하는 추상화 작업을 하였다. 즉, 한 사물의 특성을 취하여 그것을 그리스도의 일부 특성과 관련시켰다. 그러나 이 과정 안에서 모래 알갱이 그 자체는 전혀 중요하지 않다. 이런 맥락에서 볼 때 작은 도토리나 작은 토마토를 사용해서 그리스도를 표현하더라도 똑같은 효과가 있다. 따라서 모래 알갱이, 작은 도토리, 작은 토마토 등은 서로 바꾸어 사용해도 무방한, 그렇게 꼭 필요한 존재는 아니다. 이들은 다른 어떤 목적을 성취하기 위하여, 대개는 윤리적인 가르침을 주기 위한 목적으로 **사용되었을** 뿐이다. 여기서 우리는 다시 한번 설교가들이 행하던 윤리적인 **도덕적 일화**라는 익숙한 분야에 서게 된다.

모래 알갱이이든 도토리이든 토마토이든, 그것은 "겸손함"이라는 그리스도의 일부 특성 혹은 측면에 대한 관련성이나 그리스도에 **관한** 또 다른 어떤 묘사를 만들어 낼 뿐이다. 물론 그렇게 사유해도 아무런 문제가 없겠으나, 따분할 수는 있다. 이러한 사고는 자연에 대한 토마스 아퀴나스의 전망에 기초한 것이고, 토마스의 전망은 존재의 유비 이론에 기초하고 있다. 존재의 유비 이론에 따르면, 참된 존재는 하느님 안에만 존재한다. 그 외 다른 모든 존재자는 그 참된 존재를 가리키기는 하지만, 미약하고 간접적으로만 그 참된 존재를 가리키면서 존재하는 부차적인 존재자들이다.

홉킨스를 자극한 것은(비록 스코투스의 작품만 읽고 그렇게 표현하기는 했지만) 그 모래알이 자기 존재를 행함으로써 직접적이고 즉각적으로 육화한 창조적인 말씀인 그리스도를 **행한다**는 것이다. 그리고 우리가 그 모래알이 있는 곳에 앉아 "작음"이나 "겸손함"에 관하여 숙고하지 않아도, 그 모래알은 그것을 아주 잘 행한다. 홉킨스는 34번 시에서 위의 통찰을 다음과 같이 그린다.

> 물총새들이 불이 붙고, 잠자리들이 불꽃을 끄는 것같이,
> 　가장자리에서 둥근 우물에 굴러든 돌멩이가 울림소리를 내고,
> 　통겨진 현들이 저마다 다른 소리를 내며, 종 추가 치면
> 매달린 종이 제 이름을 사방에 울리려고 소리치는 것 같이,
> 사멸하는 모든 것은 저마다 한 가지 같은 일을 행하나니,
> 　저마다 내면에 거주하는 존재를 표출하고 있다,
> 　자신을 표현한다-자신을 행한다, '자신'을 말하고 쓴다,
> '내가 하는 것이 나이며, 그 때문에 내가 왔다'고 외치면서.[187]

노래를 하는 모래는 그리스도로 가득 차 있다. 여기서 "모래-하다"라는 문구는 동사가 된 명사이지 형용사는 아니다. 모래를 하는 모래알은 단지 작음이나 겸손, 혹은 그것이 무엇이든지 간에 그리스도의 이런 측면 혹은 저런 측면을 행하는 것이 아니라 그리스도라는 그 아름다움의 **전부**를 행하는 것이다.

이는 "존재의 일의성"이라는 스코투스의 심원한 개념을 표현하

187　제라드 홉킨스, 『홉킨스 시선』, 김영남 옮김, 서울, 지식을 만드는 지식, 2014, 141.

고 있다. 이 주제는 알란 월터Allan Wolter를 포함한 몇몇 학자들이 연구한 바 있다.[188] 스코투스와 홉킨스 모두 공유하는 이 개념은 사물에 대한 우리의 인식과 그리스도에 대한 우리의 인식을 직접적으로 연결한다. 밀러는 이에 관하여 다음과 같이 더 정확하게 묘사한다.

> 존재의 일의성이라는 개념은 자연에 대한 (토미즘과는) 다른 전망으로 이끌고, 따라서 다른 종류의 시문으로 이끈다. 존재의 일의성이라는 전망에서 보자면 사물은 파생된 존재자가 아니라 창조주의 존재에 직접 참여하는 존재자이다. 이들은 창조주가 존재하는 바로 그 방식으로 존재한다. 각 피조물은 자신만의 특별한 방식 안에서 자신을 창조한 창조주의 온전한 모상인 것이다. 각 피조물은 하느님의 일부 측면을 표현하는 것이 아니라 창조주의 아름다움을 전체적으로 표현한다. 자연에 대한 이러한 전망은 피조물이 특정한 상징이 아니라 당신 안에서 그 모든 것을 창조하신 그리스도의 아름다움이라는 단 하나의 같은 것을 표현하는 시문으로 이끈다.[189]

---

188 이에 관해서는 다음을 보라: 『The Transcendentals and Their Function in the Metaphysics of Duns Scotus』, Washington, The Catholic University of America Press, 1946, 31-57; Cyril L. Shircel OFM, 『The Univocity of the Concept of Being in the Philosophy of John Duns Scotus』, Washington, Catholic University Press, 1942; Etienne Gilson, 『Jean Duns Scotus』, Paris, 1952.
189 Miller, 113.

홉킨스는 자신의 일기 한 구절에서 위와 같은 개념을 잘 드러내는 문장을 다음과 같이 기록한다. "나는 지금까지 쳐다본 이 블루벨Bluebell보다 더 아름다운 것은 본 적이 없다고 생각한다. 나는 이 꽃으로 우리 주님의 아름다움을 알아본다."[190]

필자가 볼 때 이러한 전망은 자연 관찰자와 참여자에게 - 그 관찰자와 참여자가 당신이든 필자이든 홉킨스이든 - 다른 종류의 훈련을 필요로 하는 것으로 보인다. 이 과제는 피조물에 관한 수많은 개념을 획득하는 것이 아니다. 그러한 방법론에서는 피조물들이 그리스도와 관련한 개념들로 줄지어 나열될 것이다. 그와는 달리 이 훈련은 근본적으로 관상적인 것으로서 자기 자신으로 존재하고 자기 자신을 행하는 피조물을 긴밀하고 주의 깊게, 또한 세심하게 관찰하는 것이다. 피조물의 자기 자신으로 존재함과 자기 자신을 행함은 곧 그들 방식의 그리스도 됨과 그리스도를 행함이다. 다시 한번 홉킨스의 글을 읽어보자.

> 의로운 사람은 의를 행하며,
> 은총을 간직하고, 그래서 그의 모든 행함이 은총이게 한다.
> 하느님 보시기에 그 자신—그리스도를 하느님이 보시는 가운데 행한다.[191]

190　House and Storey, 199.
191　홉킨스, 141.

이렇게 그리스도 됨을 행하는 것은 개별적이고 구체적인 각각의 존재자이다. 지금 내가 바라보고 있는 왼쪽의 포도알은 그 짙은 보라색 안에서 그리스도 됨과 그리스도를 행한다. 오른쪽에 있는 연보라색과 섞인 진홍색의 포도알은 꼭지가 있는 줄기 쪽에 미세한 소량의 회갈색이 흩뿌려져 있다. 간단히 말하면, 이 포도알은 같은 다발에 있는 바로 옆이나 바로 위의 포도알이 아닌 단지 자신의 고유한 포도알로 존재하고 그 포도알을 행할 뿐이다. 주의 깊게 바라본다면 그것만의 독특함을 알아차릴 수 있다.

엘리사벳 슈나이더(Elisabeth W. Schneider)는 홉킨스에 관한 연구 작품인 『문에 선 용(The Dragon in the Gate)』[192]에서 홉킨스의 일기에서 발췌한 이러한 면밀한 관찰의 사례를 제공한다.

> 참나무: 이 나무의 유기 조직은 쉽지 않다. 일반적으로 플라타너스는 인접하고 지속적인 간결한 접선으로 이루어진 동심원적인 체계라면, 삼나무는 대략 수평적이라 말할 수 있겠다. 또한, 너도밤나무는 사방으로 퍼지는 형태이나 그 늘어짐과 돌출부를 향한 나선형 모양의 구부러짐으로 그 모양이 완전히 사방으로 퍼지는 형태는 아니다. 그러나 이 외에도 나뭇가지의 일반적인 성장 형태는 중심에서 방사하는 형태이고, 가지의 잎은 당연히 방사상으로 퍼지는 녹색 소매 조각들의 집합체 체계의 방식으로 성장한다 … 그러나 참나무는

---

192 Elisabeth W. Schneider, 『The Dragon in the Gate: Studies in the Poetry of G. M. Hopkins』, Berkeley and Los Angeles, University of California Press, 1968.

무척 다르고, 잎의 넓이가 중요하다. 폭이 좁은 잎은 빳빳하고 반짝이며 회전 폭죽 같은 형태를 띠고 있다. 납작한 넓은 잎은 비늘 갑옷을 입은 형태, 혹은 조각으로 덮인 형태인데, 이 넓은 잎에서는 외마디나 작은 송이보다 더 넓은 바탕 위에 새겨진 패인 부분 등에서 그 구조를 보는 것이 가능하다. 그렇지만 나는 참나무를 더 공부할 참이다.

슈나이더는 홉킨스가 자신이 말한 대로 참나무에 관하여 더 연구했다고 기록한다. 홉킨스 역시 8일 후에 작성한 일기에서 다음과 같이 적는다. "이제 나는 참나무 잎의 법칙을 발견하였다."[193]

여기서 우리는 핵체이타스haecceitas라는 스코투스의 개념에 이른다. 핵체이타스는 바로 이것임, 그리고 이것을 상당히 비슷하게 닮은 저것이 아님을 뜻한다. 홉킨스도 공부하였던 보다 보편적인 토마

---

193 재인용: Schneider, 116. [House and Storey, 144-146, 364n.] Geoffrey H. Hartman은 『The Journals and Papers of Gerard Manley Hopkins』에 실린 자신의 연구인 「The Dialectic of Sense-Perception」이라는 글에서 이러한 종류의 긴밀한 관찰에 관한 또 다른 홉킨스의 일기 문구를 제공한다. Hartman은 다음과 같이 적는다. "눈이 올 때와 같이 사물의 개별적인 형태에 관하여 이야기하는 것이 거의 불가능할 때에도, 홉킨스는 여전히 그렇게 사물의 개별적인 형태를 이야기할 수 있었다.":
그 눈은 한 무더기가 되어 전나무와 주목(朱木)을 발끝으로 건드리고, 그 나무들의 탄성(彈性)을 넘어설 정도로 무거워질 때까지 그들을 채운다. 그렇게 눈은 라임나무와 느릅나무와 터키떡갈나무를 아직 어린 잎사귀와 함께 아름답게 얼린다. 느릅나무를 그 아래에서부터 바라보면 각각의 가지에서 각각의 흔들림을 보게 된다 (Hartman, 123.)

스 아퀴나스의 신학 전망 안에서는 모든 존재자가 질료와 형상이라는 두 가지 근본적인 구성 요소만 가지고 있다. 위에서 언급한 포도알의 예로 설명하자면, 형상은 "포도임(grapeness)"이고 질료는 달콤함, 둥근 형태, 당분, 껍질 등 물리적 속성이다. 그런데 스코투스는 여기에 바로 **이**(haec) 포도임이라는 제3의 구성 요소를 추가한다. 그리고 여기에 바로 육화의 당연한 귀결이 존재한다. 영원하신 말씀이 유다인 목수의 **이** 아들로 육화하였다. 이 독특하고 반복 불가하며 특정한 피조물이 바로 육화하신 창조주인 것이다.

이러한 스코투스적인 전망에서는 **사물**에 대한 아주 상세할 정도의 밀접한 관찰과 주의가 곧 계시적이라 할 수 있다. 이는 참으로 관상적인 행동인데, 우리는 피조물 **안으로의** 깊은 응시를 통하여 그리스도를 언뜻 볼 수 있게 된다. 이와 유사한 비유가 바로 전통적인 성찬례 신심이라 할 수 있겠다. 우리는 성찬례의 축성된 빵을 바라보며 "에체 아뉴스 데이(Ecce Agnus Dei, 보라, 하느님의 어린양)", "보라, 그리스도", 즉 구운 밀가루와 부서진 포도로 만든 포도주인 그리스도를 보라는 초대말을 묵상한다. 여기 근동 지방의 일상 음식이 있다. 보라 우주의 창조주!

비슷한 방식으로 이 나뭇잎, 이 돌조각, 이 분자, 이 손, 이 창문 사이로 비치는 이 그늘진 빛을 보라. 그리고 에체Ecce, 보라!(홉킨스는 인스케이프inscape![194]라고 말할 것이다) 바라보고 알아채라. 피조물과 창조주

---

194 역자 주: 홉킨스는 어떤 개체나 사건의 부분적인 요소들이 하나로 통합되어

가 그 피조물이나 창조주로서의 정체성을 잃지 않고 경이롭게 **하나 되어** 함께 현존한다.

홉킨스가 한 친구에게 보낸 글과 같이, 필자도 "인생의 사소한 것이나 각자의 개인적인 것이라도 그리스도의 육화로 이루어진 것으로 보아야 한다고 생각한다."[195]

특별한 개성을 드러내는 어떤 법칙이나 구조를 '인스케이프(inscape)'라고 불렀다. 자세한 사항은 다음을 참조하라: 제라드 홉킨스, 200.

195   Claude Colleer Abbott (ed.), 『The Letters of Gerard Manley Hopkins to Robert Bridges』, London, Oxford University Press, 1955, III, 19; Miller, 111.

제8장
오늘날의 프란치스칸 전통

　　　　　　　　　이 책은 20세기에 출판된 프란치스칸 영성에 관한 작업 중 가장 마지막 작품이 될 것이다. 또한, 21세기에 가장 먼저 읽히는 글이 되기를 바란다. 프란치스칸 운동에 관한 필자의 이전 연구와 마찬가지로, 이 글도 여기 발리 발데시Valli Valdesi라는 곳에서 완성되었다.[196] 발리 발데시는 프란치스코와 클라라의 동시대인이었던 베드로 발도가 시작한 운동이 여기 발도파 교회들에서 여전히 살아있는 곳이다. 8세기 전 저 멀리 남쪽 도시 아씨시에서 시작된 "삶의 양식"을 따르는 남녀 평신도와 수도자로 구성된 프란치스칸 역시 이곳 발리 발데시에 살고 있다. 그리고 나는 바로 지금 이곳에서 프란치스칸 전통을 요약하고자 한다. 제노바 인근 지역의 고대 수호신이었던 로마 신화의 신 야누스Janus처럼 프란치스칸 전통 역시 현재에서 지금까지 있었던 과거를 되돌아보고, 동시에 앞으로 다가

196　여기서 말하는 이전의 연구는 프란치스칸 가족의 역사에 관한 필자의 작업인 『The Franciscans』을 말한다.

올 미래를 바라본다.

오늘날 프란치스칸 전통이 행할 바가 프란치스코나 클라라의 체험을 그대로 되살리도록 대중을 인도하는 것일까? 물론 그렇지 않다. 그러한 시도는 무익하고도 실망스러울 뿐일 것이다. 설사 그러한 시도가 성공한다 해도 프란치스코나 클라라가 그러했던 것처럼 그 시도도 언젠가는 사라지고 말 것이다. 프란치스칸 전통은 오늘날에도 살아 있는 전통으로서 지속하는데, 이는 후대의 다른 이들이 말과 모범으로 새로운 시대와 장소 안에서 그 전통을 수행하였기에 가능하였다. 프란치스코는 감동적이고도 고무적인 하나의 모범을 제공하였지만, 프란치스칸 전통은 프란치스코에서 멈추지 않았다. 프란치스코는 "내가 해야 할 바는 완수하였으니, 이제 그리스도께서 당신이 해야 할 바를 보여 주시기를 바랍니다"라고 말한 바 있다. 그는 자신의 전 생애가 그리스도를 가리키기를 희망하였다. 프란치스코에게서 멈춘다는 것은 프란치스코가 후대 추종자들에게 품었던 그 의도에 어긋나는 것이다. 클라라 역시 그리스도이신 거울을 들어 올리며 그녀 자신 너머를 가리켰다. 또한, 그녀에게 그 거울을 보여 준 이로 프란치스코를 지칭한다. 그러나 클라라와 프란치스코 모두 – 때로는 분명하면서도 때로는 막연하게 – 그들의 말과 행동으로 오늘날에도 여전히 깊은 매력을 지닌 인간이 되신 하느님에 대한 직관을 드러낸다. 이것이 바로 오늘날 우리 시대에도 이같은 책을 저술하는 유일한 이유라 할 수 있다. 즉, 프란치스코와 클라라의 직관을 오늘날의 진실한 그리스도교 신자들과 종교를 추구하는 이들 모두에게 이해하기 쉬운 언어로 표현하는 것이 이 책을 저술하는 이유인 것이다.

중세 시대의 프란치스코와 클라라가 오늘날 의미하는 바는 무엇일까? 또한, 기나긴 프란치스칸 전통에서 오늘날에도 관심을 두고 주의를 기울일 만한 것이 무엇일까?

우리는 흔히 현재에 관한 답을 찾기 위하여 과거에 대한 질문을 던지곤 한다. 오늘날 영성 분야에서는 신성함, 예식, 몸의 재발견, 지구의 신성함, 여성 목소리의 언어, 공동체의 재발견 등에 대한 관심이 급증하고 있다. 때로는 어느 한쪽 영성 전통이 이러한 관심 분야 중 하나 혹은 전체를 자신의 영성에 속한 특별한 분야라고 너무 간단하게 주장하기도 한다. 그러나 프란치스칸 전통과 관련해서는 그러한 인상을 주지 않기를 희망한다. 대신 나는 하느님을 찾는 이들이나 혹은 단순하게 삶의 의미를 찾는 이들 모두에게 프란치스코와 클라라의 전통이 줄 수 있는 유익한 도움을 제공하기를 원한다.

프란치스칸 전통은 오늘날 영성 분야가 관심을 가지는 사안에 일종의 "폐를 끼치며" 시작할 수 있고, 또 그렇게 해야 한다. 영성에 대한 광의廣義의 정의는 영적인 것에 대한 관심이라고 말할 수 있다. 그런데 이러한 영성의 형태는 때때로 평범한 일상을 살아가는 우리 자신으로부터 오히려 우리를 멀리 떨어뜨리는 종교 체험의 추구를 의미할 수도 있다. 일부 영성 추구자들은 정신 집중이나 예식에 관한 일부 기법을 통하여 느낌, 이미지, 구체성 등이 철저히 결여된 완벽하게 순수한 또 다른 영적인 실재로 향하는 경우가 있다. 이 경우

"정신"이나 지복, 혹은 영적인 존재라는 별개의 영역으로 인하여 이 세상과 우리의 삶은 - 실재하지 않는 가공의 존재까지는 아니더라도 - 필연적으로 열등한 것이 될 수밖에 없다. 이러한 전망은 우리가 매일 살아가는 우리의 삶과 영성을 통합하기보다는 그것을 떼어놓을 뿐이다.

프란치스칸 전통은 우리의 발을 가리키면서, 즉 육화하신 말씀의 "지저분한 발"을 가리키면서 그러한 형태의 영성에 "폐를 끼칠 수" 있을 것이다.[197] 프란치스코와 클라라의 모범을 따르는 프란치스칸 전통은 육화라는 번복할 수 없는 결정을 내린 하느님에 관한 "매우 현실적인" 체험을 지목할 수 있으리라 생각한다.

현대의 영성 중에는 사회의 긴급한 문제로부터 우리를 멀리 물러나도록 유혹하는 형태의 영성도 있는데, 그와 같은 영성에 대한 근심이 깊은 이들에게 프란치스칸 영성 전통이 유익한 도움이 될 수 있다. 프란치스칸 영성은 "물질 안으로", 그리고 역사 안으로 육화하신 그리스도 안에서 당신을 계시하는 하느님을 일관되게 강조한다. 이러한 영성은 현시대의 종교 추구 양상 중 우리가 살아가는 이 세상에 대한 책임을 거부하는 영성을 더 중요하게 여기는 이들과 대화의 다리를 제공할 수 있을 것이다.

20세기 말의 이 세상은 일부 극소수 개인과 사회의 부유함, 그리

---

197 이 구절에 관해서는 내 동료 형제 죠셉 킨니치(Joseph Chinnici, OFM)에게 빚진 바가 크다.

고 그들 이외의 대다수가 직면한 비참함의 극명한 대조로 특징지어진다. 이러한 세상에서 프란치스칸 전통의 주요 가치인 가난이 어떤 가치를 지닐 수 있을까? 13세기에는 가난 그 자체로 어떤 특정한 가치를 지닌다고 믿거나 설교하는 것이 효과가 있었지만, 오늘날에는 그렇지 않다. 또한, 가난한 이들에게 가해진 해악을 정당화하는데 그 논리가 사용될 수도 있다. 앞선 장에서 분명히 밝혔으리라 희망하지만, 빈곤 그 자체는 결코 하나의 가치가 될 수 없다. 프란치스코와 클라라가 예수의 "거룩한 가난"을 추구하는 가운데 그리스도의 육화를 통해서 배워 익힌 것은 부富와 신분과 타인에 대한 지배를 포기하는 것이었다. 이 모범을 따라 어떤 소유도 없는 삶(Sine Proprio)을 살아가는 영성은 오늘날 모두에게 속한 것을 부당하게 자신의 것으로 가로채는 행위를 거절함을 함축한다. 왜냐하면, 모든 것은 창조주에게만 속하기 때문이다. 모든 것은 선물이며 그 어느 것도 "재산"이 아니다. 프란치스코와 클라라가 따랐던 "가서 가진 것을 모두 팔아 가난한 이들에게 주어라"라는 복음의 명령은 결코 의미 없다고 말할 수 없으며, 오히려 프란치스코와 클라라의 시대와 마찬가지로 오늘날에도 긴급한 명령이라 하겠다.

    피조물 영성은 자연환경 착취로 인한 전 지구적인 영향에 대한 오늘날의 자각과 연관되어 있다. 이 피조물 영성에 대한 재발견은 현대의 우려와 과거의 지혜를 잇는 하나의 다리를 형성할 수 있다. 우리 그리스도인들 뿐만 아니라 다른 활동가들에게도 이 세상은 하나의 문제가 되어버렸다. 혹은 좋게 표현한다 해도 인간의 지구 사용의 영향이 문제가 되고 있다고 말할 수 있다. 우리는 생태 환경의 주보 성인인 프란치스코가 가졌던 피조물에 대한 태도, 즉 "형제"요 "자매"인 물, 공기, 불, "우리 어머니인 땅 자매"를 향한 온화하고 비-소유적 존중의 태도를 통하여 피조물이라는 공동체를 향해 나아갈 수 있다. 이 피조물이라는 공동체 안에서 우리 인간은 "더 작은" 존재요 "하느님 때문에 모든 피조물에게 순종하는" 역할을 진중하게 수행한다.

또 다른 중요한 점은 화해의 영성이다. 이는 제5차 십자군 원정 기간에 프란치스코가 멜렉 엘 카멜과 가진 평화로운 대화에서 분명히 드러났다. 이 화해의 영성은 서로 다른 종교 전통 구성원 간의 정중하고도 사려깊은 대화의 정신인 소위 "아씨시 정신"을 떠올리게 한다. 하느님의 이름으로 자신의 폭력적인 행위를 정당화하며 발생하는 국가 간의 전쟁과 전쟁의 위협은 "선, 모든 선, 지극히 높은 선"이신 지극히 높은 하느님에 대한 프란치스칸 이해와 정면으로 배치된다. 아씨시의 가난뱅이(Poverello)의 모습은 국가 간, 그리고 개인 간의 화해를 일구기 위하여 계속 고군분투하는 이들에게 희망의 표지가 될 수 있을 것이다. 프란치스코는 사람이나 새나 늑대나 그 대상이 누구이건 간에 대화를 시작할 때에는 언제나 다음의 인사말로 시작하였고, 필자 역시 그 인사말로 이 글을 끝맺고자 한다. "주님께서 당신에게 평화 주시기를!"

참고 문헌

◆ 프란치스칸 사료

『Dizionario Francescano』. Padua, Messaggero, 1983.

『Fontes Franciscani』. Edited by Ernesto Menestò, Stefano Brufani et al. S. Maria degli Angeli-Assisi, 1995.

『Francis of Assisi: Early Documents』. (3 vols). Edited by Regis J. Armstrong, J. A. Wayne Hellmann, and William J. Short. New York-London-Manila, New City Press, 1999-.

『Mistici Francescani, Secolo XIV』. vol. II. Assisi, Editrici Francescane, 1997.

『Scritti dei Mistici Francescani, Secolo XIII, I mistici』. vol. I. Assisi, Editrici Francescane, 1995.

『St Francis of Assisi, Writings and Early Biographies: English Omnibus of the Sources for the Life of St Francis』. Edited by Marion A. Habig. Chicago, Franciscan Herald Press, 1973.

◆ 프란치스코의 글과 생애

Fortini, Arnaldo. 『Nova Vita di San Francesco』. Santa Maria degli Angeli, Italy. Tripografia Porziuncola, 1959; 『Francis of Assisi』. Translated by Helen Moak. New York, Crossroad, 1981.

『Francis and Clare: The Complete Works』. Edited by Regis J. Armstrong and Ignatius Brady. Ramsey NJ, Paulist Press, 1982.

Manseli, Raul. 『San Francesco d'Assisi』. Rome. Bulzoni, 1980; 2nd, rev. edn, 1981. 『St Francis of Assisi』. Translated by Paul Duggan. Chicago, Franciscan Herald Press, 1988.

◆ 클라라의 글과 생애

Bartoli, Marco. 『Chiara d'Assisi』. Rome. Istituto Storico dei Cappuccini, 1989; 『Clare of Assisi』. Translated by Sister Frances Teresa OSC. Quincy IL, Franciscan Press, 1993.

Carney OSF, Margaret. 『The First Franciscan Woman: Clare of Assisi and Her Form of Life』. Quincy IL, Franciscan Press, 1993.

『Clare of Assisi: Early Documents』. Edited by Regis J. Armstrong. St Bonaventure. NY, Franciscan Institute, 1990.

Peterson OSF, Ingrid J. 『Clare of Assisi: A Biographical Study』. Quincy IL, Franciscan Press, 1993.

◆ 프란치스칸 작품

Angela of Foligno. 『Angela of Foligno』. Edited by Paul Lachance. New York, Paulist Press, 1993.

Angelo Clareno. 『Chronicon seu Historia septem tribulationum ordinis minorum』. Edited by Aberto Ghinato. Rome, Antonianum, 1959.

Bartholomew of Pisa. 「De Conformitate vitae beati Francisci ad vitam Domini Iesu」. 『Analecta Franciscana』 IV and V. Quaracchi, PP. Collegii S. Bonaventurae, 1906, 1912.

Benet of Canfield. 『La Règle de perfection: The Rule of Perfection』. Edited by Jean Orcibal. Paris, Presses universitaires de France, 1982.

Bernardino de Laredo. 「La Subida de Monte Sion」. 『Misticos Franciscanos Españoles』. II. (Biblioteca de Autores Cristianos). Madrid, Editorial Catolica, 1948, 25-442.

Bonaventure of Bagnoregio. 「The Soul's Journey into God」. 『Bonaventure』. Translated by Ewert Cousins. New York, Paulist Press, 1978.
─────── 『What Manner of Man? Sermons on Christ by St. Bonaventure』. Translated by Zachary Hayes OFM. Chicago, Franciscan Herald Press, 1974.

Francesco de Osuna. 『The Third Spiritual Alphabet』. Translated by Mary E. Giles. New York, Paulist Press, 1981.

Giovanni de Caulibus. 「Meditationes Vitae Christi」. 『Mistici Francescani』. II. Edited by Lázaro Iriarte. 795-972 ; Isa Ragusa and B. Green (eds.). 『Meditations on the Life of Christ』. Princeton, 1961.

Herp, Hendrik. 『Drectorio de contemplativos (Colección Espirituales españoles, Serie B, Lecturas, t. 2)』. Translated and edited by Juan Martín Kelly. Madrid, Universidad Pontificia de Salamanca. Fundación Univ. Española, 1974.

Jacopone da Todi. 『Jacopone da Todi: The Lauds』. Translated by Serge and Elizabeth Hughes. New York, Paulist Press, 1982.

James of milan. 『Stimulus amoris: The Good of Love』. Translated by C. Kirchberger. London, Faber and Faber, 1952.

Jordan of Giano. 「Chronicle of Jordan of Giano」 13. 『XIIIth Century Chronicles』. Edited and Translated by Placid Herman OFM. Chicago, Franciscan Herald Press, 1961.

Ubertino da Casale. 『Arbor vitae crucifixae Iesu』. Edited by C. T. Davis. Turin, Bottega di Erasmo, 1961. Reproduction of the 1485 Venetian edition.

◆ 프란치스칸 역사와 영성

Armstrong, Edward. 『Saint Francis, Nature Mystic: The Derivation and Significance of the Nature Stories in the Franciscan Legend』. Berkeley, University of California Press, 1976.

Boff, Leonardo. 『Sâo Francisco de Assis: ternura e vigor. Uma leitura a patir dos pobres』. (Colecâo Cefepal, 15). Petrópolis RJ, Vozes/Cefepal, 1981; 『Saint Francis: A Model for Human Liberation』. Translated by John W. Diercksmeier. New York, Crossroad, 1982.

「Frères Mineurs」 ('Spiritualité franciscaine'). 『Dictionnaire de Spiritualité, Ascetique et Mystique』. Paris, Beauchesne, 1962. V, col. 1268-1422.

Frugoni, Chiara. 『Francesco e l'invenzione delle stimmate』. Turin, Einaudi, 1993.

Lekeux OFM, Martial. 『Franciscan Mysticism』. Translated by Dom Basil Whelman OSB. London, Sheed and Ward, 1928; Pulaski, Wisconsin, Franciscan Publishers. repr. 1956.
────── 『Short-Cut to Divine Love』. Translated by Paul J. Oligny OFM. Chicago. Franciscan Herald Press, 1962.

McElrath, Damian (ed.). 『Franciscan Christology』. St Bonaventure NY, Franciscan Institute Publications, 1980.

Merton, Thomas. 「Franciscan Eremetism」. 『Contemplation in a World of Action』. Garden City NY, Doubleday, 1971.

Nimmo, Duncan. 『Reform and Division in the Medieval Franciscan Order: From Saint Francis to the Foundation of the Capuchins』. (Bibliotheca Seraphico-Capuccina 33). Rome. Capuchin Historical Institute, 1987.

Short, William. 『The Franciscans』. Collegeville MN, The Liturgical Press/ Michael Glazier Books, 1989.

Sorrel, Roger. 『St. Francis of Assisi and Nature: Tradition and Innovation in Western Christian Attitudes toward the Environment』. New York, Oxford University Press, 1988.